JN102657

Living Grammar for Communication

コミュニケーションのための
基礎英文法

船田秀佳
Shukei Funada

英文校閲
Christine Lundell

EIHŌSHA

はじめに

　英語を読んだり、書いたりするときはもちろん、聞いたり、話したりするときにも、基礎的な英文法が身についていて、それを使いこなせる力が必要です。

　例えば、I gotta study this evening. という英文を聞いて瞬時に理解したり、また自らもこの英文をすんなりと発信できるには、次のような文法的知識が不可欠です。

　　　「〜しなければならない」という意味を表す have to〜とほぼ同じ意味で、
　　　have got to〜が使われる。くだけた言い方では have が脱落し、got と to は
　　　連結して gotta となる。gotta の［t］は有声化し、日本語の「ラ」のような響
　　　きになる。gotta〜は「〜しなきゃ」という意味になる。

　このような文法的知識を身につけ、場数にあっていれば、聞き取りや会話に困ることはないでしょう。

　外国語として英語を学ぶときには、短期間にその構造を全体的に知る必要があります。そして、そうするためには英文法を学ぶことが欠かせません。

　教科書の使い方としては、まず、各 Unit の文法及び音変化についての解説をじっくり読んでください。そのうえで例文を目で見るだけではなく、声に出して口と耳から脳に染み込ませるようにしてください。日本語訳を見たら、頭の中で音が再生されるようになるまで繰り返すことが大切です。その後、練習問題に取りかかってください。

　練習問題は、英文和訳、書き換え、並べ替え、語形変化、ディクテーションとバラエティーに富んだ形式になっています。1 つの文法事項をいろいろなアングルから見ることによって、着実に基礎固めを行うことができます。

　英文はやさしいものばかりですが、同じ内容を、書く、話す、聞いて理解するとなると、難しいと感じるかも知れません。

　しかし、口と耳を使って何度も繰り返し訓練を重ねていくと、英文をインプットし、アウトプットするコツが身についていき、英文を覚えるとは音を覚えることであると実感できることでしょう。

　最後に本書の出版をご快諾いただいた英宝社編集部のみなさん、とりわけ、下村幸一さんには、企画の段階から貴重なアドバイスをいただき、大変お世話になりました。ここに心からの感謝の意を表したいと思います。

2023 年 1 月

船田　秀佳

Contents

Unit 1 現在形（1）be 動詞

★ be 動詞の現在形によって、今現在の一時点においてだけではなく、過去、未来にわたる人や物の同一性、属性、状態、存在が表される。

1 be 動詞の種類と語形

be 動詞は主語の人称と数によって次のように決まる。（ ）は短縮形。

人称	単数	複数
1 人称	I am（I'm）	we are（we're）
2 人称	you are（you're）	you are（you're）
3 人称	he is（he's） she is（she's） it is（it's）	they are（they're）

☞ 短縮形は音も縮む。

I'm アイム　we're ウェ　you're ユァ　he's ヒーズ　she's シーズ

it's イッツ　they're ゼィア

☞ 短縮形＋a は音の連結が起きる。

I'm a アイマ　you're a ユァラ　he's a ヒーザ　she's a シーザ　it's a イッツァ

☞ 短縮形＋an も音の連結が起き、後ろに母音で始まる語が続くときは、次のように an の [n] と母音が連結する。

1. I'm an attorney. アイマナトーニー（私は弁護士です）
2. He's an eye doctor. ヒーザナイドクター（彼は眼科医です）
3. That's an apple. ザッツァナプ（あれはリンゴです）

2 be 動詞の用法

［肯定文］

① 主語＋be＋名詞：主語の同一性

1. I'm Ted Williams.（私はテッド・ウイリアムズです）
2. You're a wonderful person.（あなたって素敵よ）
3. She's a fashion designer.（彼女はファッションデザイナーです）
4. We're college students.（私たちは大学生です）
5. It's a great plan.（それは素晴らしい計画です）
6. They're lemon pies.（それらはレモンパイです）

② 主語＋be＋形容詞：主語の属性・状態

1. I'm tired and sleepy.（私は疲れていて眠たいです）
2. He's honest and trustworthy.（彼は正直で信頼できます）

3. The internet is down.（インターネットはダウンしています）

4. The US economy is up.（アメリカ経済は上向いています）

5. These problems are easy.（これらの問題はやさしいです）

③ 主語＋be＋場所を表す語句：主語の存在場所

1. He's in San Jose now.（彼は今サンノゼにいます）

2. The map is on the wall.（地図は壁にかかっています）

3. Toyama is to the north of Aichi.（富山は愛知の北にあります）

［否定文］：主語＋not＋名詞［形容詞］［場所を示す語句］

1. I'm not a nurse.（私は看護師ではありません）

2. He is not（isn't）in the classroom.（彼は教室にいません）

3. It is not（isn't）a good idea.（それはいい考えではありません）

4. We are not（aren't）engineers.（私たちはエンジニアではありません）

☞ 短縮形は、is not ⇒ isn't, are not ⇒ aren't　［n't］は舌先を上の歯茎にあてたまま［ント］
と鼻から息を抜くように発音され、［t］は脱落したり、後ろに続く語と連結して発音される。

［疑問文］：be＋主語＋名詞［形容詞］［場所を示す語句］＋？

1. Are you an English major?（あなたは英語専攻ですか）
　　— Yes, I am.（はい、そうです）
　　— No, I'm not.（いいえ、違います）

2. Is he a bank clerk?（彼は銀行員ですか）
　　— Yes, he is.（はい、そうです）
　　— No, he isn't.（いいえ、違います）

3. Is that your car?（あれはあなたの車ですか）
　　— Yes, it is.（はい、そうです）
　　— No, it isn't.（いいえ、違います）

4. Are these your English textbooks?（これらはあなたの英語の教科書ですか）
　　— Yes, they are.（はい、そうです）
　　— No, they aren't.（いいえ、違います）

☞ 文末の not, isn't, aren't の［t］は脱落することがある。

A　次の英文を日本語に訳しなさい。

1. It's almost midnight. Are you still up?

_____

2. I'm Lisa. This is my sister Kate.

_____

3. The fog isn't dense in London today.

_____

4. I'm a freshman in college and he's a sophomore.

_____

5. Is the toy department on the third floor?

_____

B　日本文の意味になるように空所を補充しなさい。

1. 彼は大学院生です。

He （　　　　　） a graduate student.

2. ジャックと私は仲のいい友達です。

Jack and I （　　　　　） good friends.

3. それは難しい本ですか。

（　　　　　） it a difficult book?

4. 私は喉が渇いています。あなたは？

（　　　　　） thirsty. （　　　　　） you?

5. とりあえずこれで大丈夫ですよ。

This （　　　　　） okay for now.

C　日本文の意味になるように括弧内の語を並べ換えなさい。

1. あなたはボストン大学の学生ですか。
（ a / you / Are / student ）at Boston University ?

_____

2. 彼女は私の友達です。
She（ of / is / friend / a ）mine.

_____

3. 猫はテーブルの下にいません。
（ not / is / cat / The ）under the table.

_____

4. あなたのブリーフケースは黒ですか青ですか。
（ black / Is / briefcase / your ）or blue?

_____

5. それは時間とお金の無駄です。
（ of / That's / waste / a ）time and money.

_____

D　指示に従って英文を書き換えなさい。

1. He's a photographer.（主語を you にして疑問文に）

_____

2. These are MP3 players.（否定文に）

_____

3. I'm busy this week.（否定文に）

_____

4. Brian and Christy are junior high school students.（下線部を代名詞に）

_____

5. David and I are classmates.（下線部を代名詞に）

_____

E　英文を聞き空所を補充しなさい。　2

1. あなたは朝型ですか、それとも夜型ですか。

（　　　　）（　　　　　　　） a morning person or an evening person?

2. 彼女はフロリダの出身です。フロリダはグレープフルーツで有名です。

（　　　　　） from Florida.（　　　　　） famous for its grapefruits.

3. 私はまだ20歳になっていません。

（　　　　）（　　　　　　　） twenty yet.

4. マドリードは物価が高いですか。

（　　　　　） prices（　　　　　　　） in Madrid?

5. 彼らはバスケットボール部の部員ではありません。

（　　　　）（　　　　　　　　　） members of the basketball club.

F　英文を書き取りなさい。　3

1. 彼は好奇心旺盛です。

_____

2. あなたは楽観的ですか、それとも悲観的ですか。

_____

3. ここは東京駅の北口です。

_____

4. 彼女は英語と中国語が流暢です。

_____

5. 美帆です。日本から来た留学生です。

_____

6. 私はインスタグラムの初心者です。

_____

7. 英語235は必修クラスではありません。

_____

8. ローストビーフは私の大好物です。

_____

9. あちらがマイケルです。本当に面白い人ですよ。

_____

10. 彼女は料理がうまくてよかったですね。

_____

Unit 2　現在形（2）一般動詞

★一般動詞の現在形によって、今現在の一時点においてだけではなく、過去、未来にわたる人や物の動作、状態が表される。

1　一般動詞の用法

［肯定文］

1. I sleep for eight hours every night. （私は毎晩 8 時間寝ます）
2. He drives to work. （彼は車で仕事に行きます）
3. We live in Philadelphia. （私たちはフィラデルフィアに住んでいます）
4. The bank closes at 3 p.m. （銀行は 3 時に閉まります）
5. She studies English every day. （彼女は毎日英語を勉強しています）
6. I take a shower every morning. （私は毎朝シャワーを浴びます）
7. I have bread for breakfast. （私は朝食にパンを食べます）
8. He has two children. （彼には子供が 2 人います）
9. She likes apple pies very much. （彼女はアップルパイがとても好きです）
10. I know a good Italian restaurant. （私はいいイタリア料理店を知っています）

☞ 一般動詞には動作の対象となる目的語をとらない自動詞(1 〜 4)と動作の対象となる目的語をとる他動詞(5 〜 10)がある。

☞ 一般動詞には動作を表す動作動詞(1,2,4 〜 7)と状態を表す状態動詞(3, 8 〜 10)がある。

☞ 8：have の代わりに have got が用いられることがある。短縮形は綴りだけではなく、I've(アイヴ) He's(ヒーズ) We've(ウィヴ) のように音も縮む。

　① I've got three classes on Monday. （月曜日は授業が 3 コマあります）

　② He's got a house in Monaco. （彼はモナコに家があります）

☞ 主語が 3 人称単数のときは動詞の語形が変わる。

　(1) 動詞に s や es をつける。(drives, goes)

　(2) ［子音＋y］で終わる動詞は y を i に変えて es をつける。(tries, cries)

　(3) have は has になる。have, has は[h]を脱落させて発音されるがことがある。

［否定文］

1. I don't smoke. （私はタバコを吸いません）
2. You don't need an umbrella today. （今日は傘はいりません）
3. He doesn't listen to us. （彼は私たちの言うことに耳を傾けません）
4. The express train doesn't stop at Sunshine Station.
　（急行電車はサンシャイン駅には止まりません）

☞ 否定文は、主語＋do not（don't）/does not（doesn't）＋動詞＋〜.

☞ 短縮形は、do not ⇒ don't, does not ⇒ doesn't[n't]は舌先を上の歯茎にあてたまま［ント］

と鼻から息を抜くように発音され、[t]は脱落したり、後ろに続く語と連結して発音される。

［疑問文］

1. Do you like hamburgers?（あなたはハンバーガーが好きですか）
    ― Yes, I do.（はい、好きです）
    ― No, I don't.（いいえ、好きではありません）

2. Do you have a lot of rain in June?（6月は雨がたくさん降りますか）
    ― Yes, we do.（はい、降ります）
    ― No, we don't.（いいえ、降りません）

3. Does he belong to the rugby club?（彼はラグビー部に入っていますか）
    ― Yes, he does.（はい、入っています）
    ― No, he doesn't.（いいえ、入っていません）

☞ 疑問文は、Do［Does］＋主語＋動詞＋～？

☞ 文末の don't, doesn't の[t]は脱落することがある。

② 現在進行形

1. I am reading a magazine.（私は雑誌を読んでいます）

2. We are having lunch now.（私たちは今昼食を食べています）

3. He is making a speech in English.（彼は英語でスピーチをしています）

4. Is she talking on the phone?（彼女は電話中ですか）
    ― Yes, she is.（はい、そうです）
    ― No, she isn't.（いいえ、違います）

5. He's not drinking wine.（彼はワインを飲んでいません）

6. He is always watching YouTube.（彼はいつも YouTube を見てばかりいます）

☞ 主語＋be＋動詞 ing で「～している」と、始まった動作が途中であることを表す。

☞ 疑問文は、be＋主語＋動詞 ing ＋～？　否定文は主語＋be＋not＋動詞 ing ＋～.

☞ 動詞 ing は次の4通りの作り方がある。

①動詞にそのまま ing をつける：fly → flying, do → doing

②動詞の語尾 e を取って ing をつける：write → writing, move → moving

③動詞の語尾が短母音＋子音字で、子音字を重ねて ing をつける：sit → sitting

④動詞の語尾が ie で ie を y に変えて ing をつける：lie → lying, tie → tying

☞ 動詞 ing の ing は[ŋ]が弱く発音されるために［イン］のような音になったり、後ろに続く語と連結する。

A　次の英文を日本語に訳しなさい。

1. He goes to Thailand almost every summer.

_____

2. I believe Jane is studying hard this semester.

_____

3. I'm afraid you have the wrong number.

_____

4. She doesn't care for meat. She prefers fish.

_____

5. I hear you are learning Cantonese.

_____

B　日本文の意味を表すように選択肢から適語を選び、必要に応じて語形を変えて空所を
　　補充しなさい。　　　　　[smell, take, eat, water, walk]

1. 彼は 1 日 2 回犬を散歩に連れて行きます。

He （　　　　　） the dog twice a day.

2. スープはいい香りがします。

The soup （　　　　） good.

3. 私はアメリカ人の友達から、英語のプライベートレッスンを受けています。

I'm （　　　　　　） private English lessons from an American friend.

4. 彼女は毎日花に水をやります。

She （　　　　） the flowers every day.

5. 父は時々夕飯を外で食べます。

My father sometimes （　　　　） dinner out.

C　日本文の意味になるように括弧内の語句を並べ換えなさい。

1. どうかしましたか。

(need / Do / some / you) help?

_____

2. 彼は6時に起きます。

He (of / bed / out / gets) at six o'clock.

_____

3. 今日はすっぴんです。

I'm (any / wearing / not / makeup) today.

_____

4. 私は毎朝オンラインでニュースにざっと目を通します。

(browse / news / the / I) online every morning.

_____

5. 5歳の娘は野菜があまり好きではありません。

My five-year-old (like / daughter / doesn't / vegetables) very much.

_____

D　指示に従って英文を書き換えなさい。

1. I have a good appetite.（主語を he にして疑問文に）

_____

2. I take a bath before dinner.（主語を she にして否定文に）

_____

3. She works for a travel agent.（主語を you にして疑問文に）

_____

4. He's looking for a job.（主語を I にして否定文に）

_____

5. Tony is writing a sales report now.（主語を you にして疑問文に）

_____

E　英文を聞き空所を補充しなさい。

1. A：晴れていて気持ちがいいですね。

B：そうですね。このままならいいですね。

A：Nice and sunny, isn't it?

B：Yes, it is. I (　　　　) it (　　　　) like this.

2. A：メアリーはサンタバーバラに住んでいますか。

   B：はい、そうです。

   A：Does Mary（　　　　）in Santa Barbara?

   B：Yes, she（　　　　）.

3. A：英会話を習っています。

   B：頑張ってね。

   A：（　　　　）（　　　　　　）how to speak English.

   B：Good luck.

4. A：あなたは学校に弁当を持っていきますか。

   B：いいえ。学校の近くのコンビニで買います。

   A：Do you（　　　　）a lunch box to school?

   B：No, I don't. I（　　　　）lunch at the convenience store near the school.

5. A：彼は試験勉強をしていますか。

   B：いいえ。テレビゲームをしています。

   A：（　　　　）he（　　　　　　）for the exams?

   B：No, he isn't.（　　　　）（　　　　　　）video games.

F　英文を書き取りなさい。

1. 私は来年カナダに留学しようと思っています。

   _____

2. 彼はいつも夕食後は漫画を読むかテレビを見ています。

   _____

3. ちょっといいですか。お願いしたことがあります。

   _____

4. SNS はソーシャルネットワーキングサービスの略です。

   _____

5. 私の家族は全員ベジタリアンです。肉は食べません。

   _____

6. 天気予報ではハリケーンが2つテキサスに接近しています。

   _____

7. 私は今学期は 8 科目履修しています。

　　　_____

8. 図書館ではインターネットに無料でアクセスできますか。

　　　_____

9. 心配そうですね。どうかしましたか。

　　　_____

10. 娘はミシガン大学で心理学を専攻しています。

　　　_____

Unit 3 過去形

★ be 動詞及び一般動詞の過去形によって、過去における人や物の同一性、属性、状態、存在、動作が表される。

1 be 動詞の過去形

1. I was a heavy smoker ten years ago. （私は 10 年前ヘビースモーカーでした）
2. He was happy with his job. （彼は仕事に満足していました）
3. Her answer wasn't satisfactory to us.
   （彼女の答えは、私たちに満足のいくものではありませんでした）
4. We weren't in the gym then. （私たちはその時体育館にいませんでした）
5. Were you at home last night? （あなたはきのうの夜家にいましたか）
        — Yes, I was. （はい、いました）
        — No, I wasn't. （いいえ、いませんでした）
6. Was he tired after the workout? （彼はトレーニングの後疲れていましたか）
        — Yes, he was. （はい、疲れていました）
        — No, he wasn't. （いいえ、疲れていませんでした）

☞be 動詞の過去形は、am, is ⇒ was, are ⇒ were

☞ 否定文は、主語＋was［were］not＋～. 疑問文は Was［Were］＋主語＋～？

☞ 短縮形は、was not ⇒ wasn't, were not ⇒ weren't ［n't］は舌先を上の歯茎にあてたまま［ント］と鼻から息を抜くように発音され、［t］は脱落したり、後ろに続く語と連結して発音される。

☞ 文末の wasn't, weren't の[t]は脱落することがある。

2 一般動詞の過去形

1. She smiled at me. （彼女は私に微笑みかけました）
2. He hurried to work this morning. （彼は今朝急いで仕事に行きました）
3. I went to a local high school. （私は地元の高校に通いました）
4. She found a good job in Tokyo. （彼女は東京でいい仕事を見つけました）
5. He hit upon a good idea. （彼はいいアイデアを思いつきました）
6. I didn't know he was a good singer. （私は彼が歌がうまいとは知りませんでした）
7. Did you pass the English test? （英語の試験に合格しましたか）
        — Yes, I did. （はい、合格しました）
        — No, I didn't. （いいえ、合格しませんでした）

☞ 一般動詞には lived, covered のように d, ed をつけて過去形に変化させる規則動詞と went, began のように不規則に変化する不規則動詞とがある。

☞ 否定文は、主語＋did not（didn't）＋動詞＋〜. 疑問文は、Did＋主語＋〜？

☞ 短縮形は、did not ⇒ didn't[n't]は舌先を上の歯茎にあてたまま［ント］と鼻から息を抜くように発音され、[t]は脱落したり、後ろに続く語と連結して発音される。

☞ 文末の didn't の[t]は脱落することがある。

☞ 7：Did you［ディジュ］

③ 過去進行形

1. I <u>was taking</u> a coffee break then. （私はその時コーヒーブレイクを取っていました）

2. She <u>was wearing</u> a red dress at the cocktail party.
   （彼女はカクテルパーティーで赤いドレスを着ていました）

3. <u>Were</u> you <u>working</u> all day yesterday?
   （あなたはきのう一日中仕事をしていましたか）
   　　　　— Yes, I <u>was</u>. （はい、していました）
   　　　　— No, I <u>wasn't</u>. （いいえ、していませんでした）

4. He <u>wasn't washing</u> his car at the time.
   （彼はその時車を洗っていませんでした）

5. They <u>weren't playing</u> basketball this afternoon.
   （彼らは今日の午後バスケットボールをしていませんでした）

☞ 主語＋was/were＋動詞 ing で「〜していた」と、始まった動作が途中であったことを表す。

☞ 否定文は、主語＋was/were＋not＋動詞 ing＋〜.

☞ 疑問文は、Was/Were＋主語＋動詞 ing＋〜？

☞ 動詞 ing の ing は[ŋ]が弱く発音されるために［イン］のような音になったり、後続の語と連結する。

A　次の英文を日本語に訳しなさい。

1. I had fried rice and smoked salmon for lunch.

_____

2. Mr. Wilson flew to Chicago last night.

_____

3. He caught a cold and stayed in bed on Wednesday.

_____

4. She studied in France for two years and came back a different woman.

_____

5. We were swimming in the pool yesterday afternoon.

_____

B　日本文の意味を表すように選択肢から適語を選び、必要に応じて語形を変えて空所を
補充しなさい。　　　　　　　　[see, get, be, be, do]

1. きのうの夜、彼女から電話がありました。
   I （　　　　　） a call from her last night.
2. フォロワーはあなたの投稿に反応しましたか。
   （　　　　　） your followers react to your post?
3. 会えてうれしかったです。連絡し合いましょう。
   It （　　　　　） nice seeing you. Keep in touch.
4. 私はこの前ジョージに会いました。
   I （　　　　　） George the other day.
5. 私たちは先週、出張でバンコクにいました。
   We （　　　　　） in Bangkok on a business trip last week.

C　日本文の意味を表すように括弧内の語句を並べ換えなさい。

1. 彼は先月、軽井沢に私をスキーに連れて行ってくれました。
   He（me / skiing / took / in）Karuizawa last month.

   _____

2. ニックは私たちにアメリカンジョークをいくつか言いました。
   Nick（us / few / told / a）American jokes.

   _____

3. 私は今日の午後 3 時にブログを書いていました。
   I（blog / a / writing / was）at three o'clock this afternoon.

   _____

4. 今年の夏はハワイで楽しかったですか。
   （a / you / Did / have）good time in Hawaii this summer?

   _____

5. 大学でのあなたの専攻は何でしたか。
   What（major / in / your / was）college?

   _____

D　指示に従って英文を書き換えなさい。

1. I was cleaning my room at that time.（主語を you にして疑問文に）

   _____

2. They stayed in Athens for two weeks.（疑問文に）

   _____

3. She drank a little wine at the farewell party.（疑問文に）

   _____

4. He painted the fence yellow.（否定文に）

   _____

5. I knew his email address.（否定文に）

   _____

E　英文を聞き空所を補充しなさい。　

1. 私はそれについて 1 週間考えましたが、いいアイデアが浮かびませんでした。

I（　　　　　　　）about it for a week, but I（　　　　　　）come up with a good idea.

2. 彼らは電話が鳴った時、熱の入った話し合いをしていました。

They（　　　　）（　　　　　　　　　）a heated discussion when the phone（　　　　）.

3. 彼女は朝 6 時半に起きて、8 時に家を出ました。

She（　　　　）（　　　　）at 6:30 and（　　　　）home at 8:00.

4. 私たちは夕食に寿司を食べて、タクシーでホテルに戻りました。

We（　　　　）sushi for dinner and（　　　　）a taxi back to the hotel.

5. 私は娘に誕生日にレザーコートを買ってやりました。

I（　　　　　　　）my daughter a（　　　　　　　）coat for her birthday.

F　英文を書き取りなさい。　

1. きのうの夜はぐっすり眠れましたか。

_____

2. ロブスターは値段が高かったですけど、美味しかったです。

_____

3. 私は英語の試験でいくつか綴りの間違いをしました。

_____

4. 彼は今朝、駅まで車に乗せてくれました。

_____

5. 私は今日の午後、図書館で学期末レポートを書くのに忙しかったです。

_____

6. 私たちは今日ロデオドライブへ行ってたくさん買い物をしました。

_____

7. きのう太陽は午前 5 時に昇り午後 7 時に沈みました。

_____

8. 彼らはきのうの午後 3 時に卓球をしていました。

_____

9. 彼に電話しようとしましたが、話し中でした。

_____

10. 彼女は立ち上がって私にさよならを言いました。

_____

Unit 4 　疑問詞

★疑問詞は文頭に置かれて話し手が疑問に思っていることが表わされる。

1　what：何が、何を（もの、こと）

1. What is this?（これは何ですか）
2. What's wrong?（どうかしましたか）
3. What's he like? Is he kind?（彼はどんな人ですか。親切ですか）
4. What's the date today?（今日は何月何日ですか）
5. What do you do on your day off?（休みの日は何をしますか）
6. What does she do?（彼女の仕事は何ですか）
7. What did you do on Sunday?（日曜日は何をしましたか）
8. What kind of music do you like?（どんな種類の音楽が好きですか）
9. What time do you have?（今何時ですか）
10. What makes you think so?（なぜそう思いますか）

　☞2〜4：What's：ワッツ（縮約）　☞5：What do you：ワルユ（[t] の有声化）
　☞7：did you：ディジュ（同化）　☞6〜10：What：ワッ（[t] の脱落）

2　who：誰、誰が（人）

1. Who is that woman in yellow?（黄色い服の女性は誰ですか）
2. Who are you waiting for?（あなたは誰を待っていますか）
3. Who made the proposal?（誰が提案しましたか）

3　whose：誰の、誰のもの（所有）

1. Whose turn is it to do the dishes?（お皿を洗うのは誰の番ですか）
2. Whose earrings are these?（これは誰のイアリングですか）

4　which：どの、どちらの（選択）

1. Which is yours?（どちらがあなたのですか）
2. Which season do you like?（どの季節が好きですか）
3. Which team do you root for?（どのチームを応援していますか）

5　when：いつ（時）

1. When's the lunch meeting?（ランチミーティングはいつですか）
2. When were you born?（いつ生まれましたか）
3. When did you come to Japan?（日本にいつ来ましたか）

☞1：When's：ウェンズ（縮約）

☞3：did you：ディジュ（同化）

6 where：どこ（場所）

1. Where's Juliet?（ジュリエットはどこにいますか）
2. Where are you from?（出身はどちらですか）
3. Where do you live?（どこに住んでいますか）

☞1：Where's：ウェアズ（縮約）

7 why：なぜ（理由）

1. Why is she absent today?（彼女はなぜ今日欠席なのですか）
2. Why were you late for school yesterday?
   （あなたはきのうなぜ学校に遅れたのですか）
3. Why do you like math?（あなたはなぜ数学が好きなのですか）

8 how：どのような（状態）、どのように（手段）、どのくらい（程度）

1. How're you doing?（調子はどう）
2. How's your new job?（新しい仕事はどうですか）
3. How was the concert?（コンサートはどうでしたか）
4. How old is this church?（この教会は築何年ですか）
5. How hungry are you?（どのくらいお腹が空いていますか）
6. How worried are you?（どのくらい心配していますか）
7. How tall is Tokyo Tower?（東京タワーの高さはどのくらいですか）
8. How long is the movie?（映画はどのくらいの時間ですか）
9. How much is it all together?（全部でいくらですか）
10. How much money do you have with you?（いくらありますか）
11. How many stops is it to Shinagawa?（品川まで駅はいくつですか）
12. How far is Bath from here?（ここからバースまではどれくらいの距離ですか）
13. How often do you go to the movies?（映画にはどれくらいおきに行きますか）
14. How do I get to Ueno Park?（上野公園へはどうやって行ったらいいですか）
15. How did you get to know him?（どうやって彼と知り合いましたか）

☞1：How're ハウァ（縮約）　☞2：How's ハウズ（縮約）

☞15：did you ディジュ（同化）

A　次の英文を日本語に訳しなさい。

1. How was the shopping in Edmonton?

_____

2. What do you imagine yourself to be like in ten years?

_____

3. Who is your favorite movie star?

_____

4. Why were you absent from school yesterday?

_____

5. Whose ballpoint pen is this?

_____

B　日本文の意味を表すように空所を補充しなさい。

1. どれくらい忙しいのですか。レポートがたくさんあるのですか。
   　（　　　　　）busy are you? Do you have lots of papers to write?
2. すみません、ここはどこですか。道に迷ってしまいました。
   　Excuse me. （　　　　　）am I? I'm lost.
3. 電車で行ったらどうですか。
   　（　　　　　）don't you take the train?
4. このコートはいくらですか。
   　（　　　　　）is the price of this coat?
5. 誕生日はいつですか。
   　（　　　　　）is your birthday?

C　日本文の意味を表すように括弧内の語句を並べ換えなさい。

1. あなたは誰と買い物に行きましたか。
   （ did / go / Who / you ）shopping with?

_____

2. 今月は何冊本を読みましたか。
   (did / many / How / books) you read this month ?

   _____

3. 彼女はなぜそんなに幸せそうなのですか。
   (does / look / Why / she) so happy?

   _____

4. お名前をもう一度よろしいですか。
   (was / name / What / your) again, please?

   _____

5. 彼はどちらの課で働いていますか。
   (section / does / Which / he) work in?

   _____

D　日本文の意味を表すように選択肢から適語を選び、必要に応じて空所を補充しなさい。
　　[when, which, why, what, how, way, many, time, dressed, change]
1. 1日に何時間仕事をしますか。
   (　　　　) (　　　　　　) hours a day do you work?
2. 最寄りの薬局はどちらの方向ですか。
   (　　　　) (　　　　　　) is the nearest drugstore?
3. 1時間目は何時に始まりますか。
   (　　　　) (　　　　　　) does first period begin?
4. なぜドレスアップしているのですか。
   (　　　　) are you (　　　　　　) up?
5. いつ転職しましたか。
   (　　　　) did you (　　　　) jobs?

E　英文を聞き空所を補充しなさい。 🎧8
1. A：あなたはカリフォルニアのどこの出身ですか。
   B：サンディエゴです。
   A：(　　　　　) (　　　　　　) California are you from?
   B：I'm from San Diego.
2. A：シアトルの天気はどうですか。
   B：暖かくて空には雲ひとつありません。

A : (　　　　)(　　　　) the weather in Seattle?

B : It's warm and the skies are clear.

3. A : きのうの夜8時ごろは何をしていましたか。

B : 読書をしていました。

A : (　　　　) were you doing around 8 p.m. last night?

B : I was doing some (　　　　).

4. A : あなたはどちらにお勤めですか。

B : 東京銀行です。

A : (　　　　)(　　　　) you work for?

B : I work for Tokyo Bank.

5. A : イタリア料理とスペイン料理ではどちらが好きですか。

B : イタリア料理です。

A : (　　　　) would you (　　　　　　　), Italian food or Spanish food?

B : I like Italian food better.

F　英文を書き取りなさい。　🎧 9

1. 就活はどうですか。

_____

2. 何についてのレポートを書いていますか。

_____

3. リッチモンド美術館に行くのにどれくらい時間がかかりますか。

_____

4. 彼はいつ大学を卒業しましたか。

_____

5. 暇なときは何をするのが好きですか。

_____

6. このプログラムをどうやってインストールしたらいいですか。

_____

7. それはどんな種類のフルーツですか。

_____

8. どうして気が変わったのですか。

   _____

9. 彼はニューヨークのどこに住んでいますか。

   _____

10. お昼を一緒にどうですか。

   _____

Unit 5 未来形

★英語には動詞の語形を変化させて表す未来形はなく、will, be going to, be about to、現在形、現在進行形、will＋進行形、などを用いて、未来の一時点における人や物の動作、状態が表される。

1 will＋動詞の原形

1. I'll give her a ring this evening.（私は今夜彼女に電話します）
2. I'll have a cheeseburger and a small Coke.
   （私はチーズバーガーとコーラのSをもらいます）
3. You'll know the results of the finals the day after tomorrow.
   （期末試験の結果は明後日分かるでしょう）
4. We will finish the work by Monday.（私たちは月曜日までには仕事を終わらせます）
5. Harry will be super busy next week.（ハリーは来週、非常に忙しいでしょう）
6. Lots of people will go to see the cherry blossoms this weekend.
   （たくさんの人が今週末花見に行くでしょう）
7. Boys will be boys.（男の子はそういうものですよ）
8. I won't study in the library today.（私は今日図書館で勉強しません）
9. They will not agree with the plan.（彼らは計画に賛成しないでしょう）
10. Will he look for a new job?（彼は新しい仕事を探しますか）
    ― Yes, he will.（はい、探します）
    ― No, he won't.（いいえ、探しません）

☞will＋動詞の原形で、意志、推量、傾向などの意味を表す。

☞主語が代名詞のときは、主語＋will の短縮形が使われることが多く音も縮む。
will の [l] は暗い [l] で、ウのような響きがある。

I will ⇒ I'll アイゥ you will ⇒ you'll ユーゥ he will ⇒ he'll ヒーゥ
she will ⇒ she'll シーゥ we will ⇒ we'll ウィーゥ they will ⇒ they'll ゼィゥ
it will ⇒ it'll イゥ

☞否定文は、主語＋will not(won't)＋動詞の原形＋～. 短縮形の won't の[n't]は舌先を上の歯茎にあてたまま［ント］と鼻から息を抜くように発音され、[t]は脱落したり、後ろに続く語と連結して発音される。

☞疑問文は、Will＋主語＋動詞の原形＋～？

2 be going to＋動詞の原形

1. I'm going to visit Kyoto and Nara next weekend.
   （私は来週末に京都と奈良を訪ねる予定です）

2. I'm going to move to Ottawa next month.（私は来月オタワに引っ越すつもりです）

3. She's going to get married in June.（彼女は6月に結婚します）

4. We are going to be late. Let's hurry along.（遅刻しそうです。急ぎましょう）

5. The lecture meeting is going to start soon.（講演会はもうすぐ始まります）

6. I'm not going to ask him for advice.（私は彼にアドバイスを求めません）

7. We're not going to hold a meeting next Tuesday.
（私たちは来週の火曜日に会議は開催しません）

8. Are you going to buy this sweater?（あなたはこのセーターを買いますか）
　　　— Yes, I am.（はい、買います）
　　　— No, I'm not.（いいえ、買いません）

☞ be going to＋動詞の原形で、意志、推量を表す。

☞going to は［ガナ／ゴナ］と発音されることがある。発音綴りは gonna。

☞ 疑問文は、Is［Are／Am］＋主語＋going to＋動詞の原形＋〜？

☞ 否定文は、主語＋is［are／am］not＋going to＋動詞の原形＋〜.

③ 現在形

①単純現在形

1. Tomorrow is Thursday.（明日は木曜日です）

2. The fall semester starts on September 20.（秋学期は9月20日に始まります）

3. I spend three days in Phoenix and then leave for Sacramento.
（私はフェニックスに3日間滞在して、それからサクラメントに向かいます）

4. We arrive in Sydney on Monday.（私たちは月曜日にシドニーに着きます）

②現在進行形

1. I'm working part-time tomorrow.（私は明日はアルバイトです）

2. We're having a Halloween party on Friday.
（私たちは金曜日にハロウィーンパーティーを開きます）

3. He's going fishing at Lake Erie on Sunday.
（彼は日曜日にエリー湖に釣りに行きます）

☞ 未来の不変の日時、予め決定している予定などは、発話時点で確定・成立している出来事として捉えられているので、現在形を用いることができる。

☞ 動詞 ing の ing は［ŋ］が弱く発音されるために［イン］のような音になったり、後ろに続く語と連結する。

A　次の英文を日本語に訳しなさい。

1. I'll call you back. I'm about to take a shower.

_____

2. I'll tell her that you'll come to the school festival.

_____

3. Richard will post some videos to YouTube.

_____

4. We're having dinner with Mr. and Mrs. Tracy on Wednesday.

_____

5. The next express train leaves at 10:45 from platform 8.

_____

B　日本文の意味を表すように選択肢から適語を選び、必要に応じて語形を変えて空所を
補充しなさい。　　　　　　　　[meet, take, be, be, go]

1. あなたは今度の金曜日は何をする予定ですか。
   What （　　　　） you going to do this coming Friday?
2. 私は今夜、高校の時からの友達に会います。
   I'm （　　　　　　） an old friend of mine from high school this evening.
3. コンサートはもうすぐ始まります。
   The concert is （　　　　） to start in a minute.
4. 私たちは来週オーストリアに旅行します。
   We're （　　　　　　） a trip to Austria next week.
5. 今年アメリカンリーグの最優秀選手賞を誰が受賞すると思いますか。
   Who do you think （　　　　） going to win the American League MVP this year?

C　日本文の意味を表すように括弧内の語句を並べ換えなさい。

1. 私たちは来月モナコに観光に行きます。
   (Monaco / We're / to / going) to see the sights next month.

_____

2. 明日、関東地方は晴れるでしょうか。

(sunny / it / be / Will) in the Kanto area tomorrow?

_____

3. 私は朝一番に携帯メールを送ります。

(send / a / I'll / text) message first thing in the morning.

_____

4. 私は月曜日の夜は出かけません。

(won't / out / I / go) on Monday evening.

_____

5. 私はこれから部屋を掃除します。

I'm (clean / to / about / my) room.

_____

D　指示に従って英文を書き換えなさい。

1. Larry will be twenty-five years old next month.（下線部を尋ねる疑問文に）

_____

2. He's going to work on Sunday.（下線部を尋ねる疑問文に）

_____

3. They'll be in Perth in ten days.（下線部を尋ねる疑問文に）

_____

4. We're having a barbecue this afternoon.（否定文に）

_____

5. I'm going to study English this evening.（否定文に）

_____

E　英文を聞き空所を補充しなさい。　　　　　　　　　　　　🎧 **10**

1. A：玄関に出てもらえますか。

B：はい、出ます。

A：(　　　　　) you answer the door?

B：Okay. (　　　　　) get it.

2. A：週末は何をするつもりですか。

   B：多分家にいてリラックスするでしょう。

   A：What（　　　）you（　　　　）（　　　　）do this weekend?

   B：（　　　　）probably stay home and relax.

3. A：アメリカにはどのくらい滞在する予定ですか。

   B：サンフランシスコに 1 週間です。

   A：How long（　　　）you（　　　　）（　　　　）stay in the US?

   B：A week in San Francisco.

4. A：土曜日は何か計画がありますか。

   B：友達とサーフィンに行きます。

   A：Do you have any plans on Saturday?

   B：（　　　）（　　　　）（　　　　）go surfing with my friends.

5. A：ビルは来週 BMW を買うそうです。

   B：それはいい。いつか乗せてくれたらいいなあ。

   A：I hear（　　　）（　　　　）a BMW.

   B：That's great. I hope（　　　）（　　　　）（　　　　）give me a ride someday.

F　英文を書き取りなさい。　⏴⏵ 11

1. 卒業式は水曜日です。

   _____

2. 私たちは 2 週間後にカルガリーへ車で向かっているでしょう。

   _____

3. アンダーソンさんは町を離れています。来週の火曜日に戻ります。

   _____

4. 私たちはあと数分でウォータールー駅に着きます。

   _____

5. 木曜日は残業です。

   _____

6. 会議後すぐにメールします。

   _____

7. 彼女は 11 月に子供が生まれる予定です。

_____

8. 明日はバドミントンをします。

_____

9. ちょっと待っていてください。すぐに行きます。

_____

10. 彼は何時に私たちに会いに来ますか。

_____

Unit 6　完了形

★現在完了は、過去の行為や出来事の現在への関わり方や影響を表し、話し手は「現在どうなっているのか」と、現在の事態について述べる。また、過去完了は過去の一時点より前の行為や出来事を、未来完了は未来の一時点までの行為や出来事を表す。

A　現在完了形

1. 完了・結果：〜したところである
   1. I have just bought a third PC.
      （私はちょうど3台目のパソコンを買ったところです）
   2. I've already finished dinner.（私はもう夕食を済ませました）
   3. She has gone to the supermarket to do some shopping.
      （彼女は買い物をするためにスーパーに行ってしまいました）
   4. Have you eaten lunch yet?（もう昼食を食べましたか）
2. 経験：〜したことがある
   1. I've been to Egypt seven times.（私はエジプトへ7回行ったことがあります）
   2. Have you ever thought about studying abroad?
      （あなたは留学を考えたことはありますか）
   3. He says he has never drunk tequila.
      （彼はテキーラを飲んだことが一度もないと言っています）
3. 継続：ずっと〜している
   1. We have known Mr. and Mrs. Hall for ten years.
      （私たちはホール夫妻と知り合って10年になります）
   2. I have lived in Tokyo since I was born.
      （私は生まれてからずっと東京に住んでいます）
   3. It's been muggy these days.（このところ蒸し暑い日が続いています）
   ☞ 現在完了の形
   ①肯定文：主語＋have［has］＋過去分詞＋〜.
   ＊短縮形（音も縮む）
   I have ⇒ I've［アイヴ］we have ⇒ we've［ウィヴ］you have ⇒ you've［ユーヴ］
   he has ⇒ he's［ヒーズ］she has ⇒ she's［シーズ］it has ⇒ it's［イッツ］
   they have ⇒ they've［ゼイヴ］
   ②否定文：主語＋have［has］＋not＋過去分詞＋〜.
   ＊短縮形は、have not ⇒ haven't, has not ⇒ hasn't　［n't］は舌先を上の歯茎にあてたまま［ント］と鼻から息を抜くように発音され、［t］は脱落したり、後ろに続く語と連結して発音される。

③疑問文：Have［Has］＋主語＋過去分詞＋〜？

☞ 過去分詞は規則動詞なら過去形と同じ、不規則動詞なら色々な形がある。

B　過去完了形

1. The math test was much easier than I had expected.
   （数学の試験は予想よりずっと簡単でした）

2. I'd played tennis for five years before I joined the tennis club in college.
   （私は大学でテニス部に入る前に5年間テニスをしていました）

3. By the time he was ten years old, he had already lived in three countries.
   （10歳になるまでに彼はすでに3か国に住んでいました）

   ①肯定文：主語＋had＋過去分詞＋〜.

   ＊短縮形（音も縮む）

   I had ⇒ I'd［アイドゥ］we had ⇒ we'd［ウィドゥ］you had ⇒ you'd［ユードゥ］
   he had ⇒ he'd［ヒードゥ］she had ⇒ she'd［シードゥ］it had ⇒ it'd［イッドゥ］
   they had ⇒ they'd［ゼイドゥ］

   ②否定文：主語＋had＋not＋過去分詞＋〜.

   ＊短縮形は、had not ⇒ hadn't［n't］の発音は現在完了形の場合と同じ。

   ③疑問文：Had＋主語＋動詞の過去分詞＋〜？

C　未来完了形

1. I'll have studied German for four years by the end of this year.
   （私は年末でドイツ語を勉強して4年になります）

2. They will have saved enough money before their wedding in June.
   （彼らは6月の結婚式の前には貯金は十分にできているでしょう）

   ①肯定文：主語＋will＋have＋過去分詞

   ＊短縮形（音も縮む）

   I will have ⇒ I'll have［アイルハヴ］we will have ⇒ we'll have［ウィールハヴ］
   you will have ⇒ you'll have［ユールハヴ］he will have ⇒ he'll have［ヒールハヴ］
   she will have ⇒ she'll have［シーウハヴ］it will have ⇒ it'll have［イットゥルハヴ］
   they will have ⇒ they'll have［ゼイルハヴ］

   ②否定文：主語＋will＋not＋have＋過去分詞

   ＊短縮形は、will not ⇒ won't ［n't]の発音は現在完了形の場合と同じ。

   ③疑問文：Will＋主語＋have＋過去分詞＋〜？

A　英文を日本語に訳しなさい。

1. I've just started tweeting.

_____

2. I haven't read that textbook yet.

_____

3. We'll have been married for twenty years next month.

_____

4. How many times have you visited Tokyo DisneySea?

_____

5. Don't worry. I've already booked a hotel.

_____

B　日本文の意味になるように選択肢から適語を選び、必要に応じて語形を変えて空所を補充しなさい。[have, have, hand, play, leave, come, arrive, study, be]

1. 彼女は 3 歳の時からバイオリンを弾いています。
   She's been （　　　　　　） the violin since she （　　　　） three years old.

2. 父は会社から戻ったところです。
   My father （　　　） just （　　　） back from his office.

3. もうレポートは提出しましたか。
   Have you （　　　　　） in your paper yet?

4. 私たちがバス停に着いた時には、バスはもう出発していました。
   The bus had already （　　　） when we （　　　　　） at the bus stop.

5. 私は一度も統計学を勉強したことがありません。
   I （　　　） never （　　　　　） statistics.

C　日本文の意味になるように括弧内の語を並べ換えて英文を書きなさい。

1. あなたのことを 1 週間ずっと考えていました。
   I （ thinking / have / about / been ） you for a week.

_____

2. アーチェリーを始めて１年半になります。

It's (since / years / been / one and a half) I took up archery.

_____

3. カレンに会うまでは恋をしたことがありませんでした。

Until I met Karen, (in / never / been / I'd) love.

_____

4. ２ヶ月間ずっとその問題が気になっています。

The problem (on / been / my / has) mind for two months.

_____

5. これまでのところダニエルから連絡がありません。

I (from / haven't / Daniel / heard) so far.

_____

D　日本文の意味になるように空所を補充しなさい。

1. A：サラ、もう歯は磨いたの。

   B：まだよ。

   A：Sarah, (　　　　) you (　　　　　　) your teeth (　　　　)?

   B：Not (　　　　).

2. A：注文がやっと来ました。

   B：やっとだね。40分以上も待っていたね。

   A：Our order is coming.

   B：It's about time. We've (　　　　) waiting for over forty minutes.

3. A：やあ、アダム。久しぶりだね。

   B：そうだね。元気だった？

   A：Hi, Adam. It's (　　　　) a while.

   B：It sure has. How (　　　　) you been?

4. A：英語の宿題をまだやっていません。

   B：私もです。

   A：I (　　　　) done my English homework yet.

   B：Neither (　　　　) I.

5. A：海外に行ったことはありますか。

   B：はい、ポルトガルに３回行ったことがあります。

   A：(　　　　) you ever (　　　　) abroad?

B：Yes, I've（　　　　　） to Portugal three times.

E　英文を聞き空所を補充しなさい。 12
1. 彼らは 10 時までにはモントリオールに着いているでしょう。
   （　　　　　）（　　　　　）（　　　　　　　　　） in Montreal by ten o'clock.
2. 彼は事業を始める前は AWF 社に勤めていました。
   He （　　　　　）（　　　　　　　） for AWF Company （　　　　　） he started his
   own business.
3. 英語を勉強してどのくらいですか。
   How （　　　　　）（　　　　） you （　　　　） studying English?
4. 風邪をひいて 1 週間になります。
   （　　　　）（　　　　　） a cold （　　　　） a week.
5. 母と私は 2015 年からマイアミに住んでいます。
   My mother and I （　　　　　）（　　　　） in Miami （　　　　） 2015.

F　英文を書き取りなさい。 13
1. お久しぶりです。全然変わっていませんね。

   _____

2. 私は遊びでオランダには何回も行ったことがあります。

   _____

3. 彼は最近お酒を飲まなくなってきています。

   _____

4. 大学で何を勉強するか決まりましたか。

   _____

5. 私は文書をもう削除してしまいました。

   _____

6. 私たちは今月末までに仕事の 80 パーセントを終えているでしょう。

   _____

7. 予想どおり公定歩合がまた下がりました。

   _____

8. スカッシュをするのは 2 年ぶりです。

_____

9. 兄は新しいスーツをもう買いました。

_____

10. 彼女は 1 週間仕事を休んでいます。

_____

Unit 7　助動詞

★ 「助動詞＋動詞」の語順で、話し手の評価や感情を添えることができる。

1　can

1. I can drive, but I can't tonight because I'm drunk.
   （車を運転することはできますが、今夜は酔っているので無理です）
2. Can I see you next Friday?（来週の金曜日に会えますか）
3. You can contact me by LINE.（LINE で私に連絡できます）
4. Arnold can't be here. He is in New York now.
   （アーノルドがここにいるはずがありません。今ニューヨークにいますから）
5. The doorbell is ringing. It could be a delivery man.
   （チャイムが鳴っています。宅配かも知れません）
6. Could you please not call me after 10 p.m.?
   （午後 10 時以降は電話しないでいただけますか）
7. You could have called me yesterday.（きのう電話をくれればよかったのに）
8. He is able to speak English like an American.
   （彼はアメリカ人のように英語を話すことができます）
9. Will you be able to come to my office tomorrow afternoon?
   （明日の午後私のオフィスに来ることができますか）

☞1：能力、可能　2,3：許可　4,5：推量　6：依頼

☞1,4：can't：キャン（[t] の脱落）　☞2：Can I：キャナイ（連結）

☞6：Could you：クジュ（同化）

☞7：could have ＋過去分詞で「～できただろう」「～だったかも知れない」

☞8,9：be able to で「～することができる」と can と同じ意味を表す。

2　may

1. May I ask you a question?（1 つ質問してもいいですか）
2. He may come here today.（彼は今日ここに来るかも知れません）
3. He might come here today.（彼はひょっとしたら今日ここに来るかも知れません）
4. You may have seen her before.（あなたは彼女に以前会ったことがあるかも知れません）

☞1：許可　2 ～ 4：推量

☞4：may have ＋過去分詞で「～したかも知れない」

3　must

1. We must finish this work by next Monday.
   （私たちはこの仕事を来週の月曜日までに終えなければなりません）

2. You <u>must</u> be in love with her.（彼女に恋しているんでしょ）
3. You <u>must</u> be joking.（冗談でしょ）
4. He <u>must have been</u> drunk at that time.（彼はその時酔っていたに違いありません）
☞1：義務　2〜4：推量
☞4：must have＋過去分詞で「〜にしたに違いない」must have been：マスタベン
☞must は話者の主観的感情に基づく義務、have［has］to は状況から生じる義務を表す。
She <u>has</u> to babysit her niece every week.（彼女は毎週姪の子守をしなければなりません）
☞must には過去形はなく、had to を用いる。
I <u>had to</u> get in touch with him.（私は彼に連絡しなければなりませんでした）
☞have［has］to とほぼ同じ意味で have［has］got to も使われる。
I've <u>got to</u> call him tonight.（今夜彼に電話しなければなりません）

4 shall

1. <u>Shall</u> I call a taxi for you?（タクシーを呼びましょうか）
2. <u>Shall</u> we go for a walk?（散歩に行きましょうか）
3. Where <u>shall</u> we meet next Monday?（来週の月曜日はどこで会いましょうか）
☞1〜3：申し出
☞答え方 1：Yes, please. No, thank you. など　2：Yes, lets. No, let's not. など

5 should

1. We <u>should</u> do it now.（私たちは今それをやるべきです）
2. You <u>should</u> use this dictionary.（この辞書を使うといいよ）
3. He <u>should</u> be back before eight.（彼は 8 時前には戻るはずです）
4. You <u>should have come</u> to the class reunion. We had a wonderful time.
   （同窓会に来ればよかったのに。楽しかったですよ）
5. I <u>should not have drunk</u> so much at the party.
   （パーティーであんなに飲まなければよかったのに）
   ☞1：義務　2：提案　3：推量　4,5：後悔　☞4：should have＋過去分詞で「〜すべきだった」

6 would

1. I <u>would like to</u> play tennis.（私はテニスをしたいです）
2. <u>Would</u> you help me?（手伝っていただけますか）
3. <u>Would</u> you like to have lunch with us?（一緒に昼食はどうですか）
☞1：欲求　2：依頼　3：提案

A 次の英文を日本語に訳しなさい。

1. What can I do to improve my English? Can you give me some tips?

   _____

2. Excuse me, could you tell me the way to Yoyogi Park?

   _____

3. You must have been studying in the library all this afternoon.

   _____

4. Which train should I take to get to Yankee Stadium?

   _____

5. It may take some time, but you'll be able to speak English some day.

   _____

B 日本文の意味を表すように選択肢から適語を選び、必要に応じて空所を補充しなさい。
[would, better, got, must, can]

1. 散髪しなければいけません。長すぎますから。

   I've (   ) to get a haircut. It's too long.

2. ローラは信頼できます。彼女は決して約束を破らないと思います。

   You (   ) trust Laura. I bet she never breaks a promise.

3. ステーキの焼き具合はいかがなさいますか。

   How (   ) you like your steak done?

4. 灯りがついています。アネットは家にいるに違いありません。

   The lights are on. Annette (   ) be at home.

5. 急ぎましょう。最終のバスに乗りそこねないようにしなきゃね。

   Let's rush. We'd (   ) not miss the last bus.

C 日本文の意味になるように括弧内の語を並べ換えなさい。

1. 天気予報では今夜は雨かも知れません。

   The weather forecast (rain / says / it / may) tonight.

   _____

2. 彼は6歳までには英語を話すことができました。
   He (to / able / was / speak) English by the age of six.

   _____

3. 窓を開けましょうか。
   Would (me / to / like / you) open the window?

   _____

4. 彼らはガーデンパーティーで楽しくやっているに違いありません。
   They (be / themselves / enjoying / must) at the garden party.

   _____

5. 天気が悪くて、私たちはピクニックを取りやめなければなりませんでした。
   We (to / cancel / the / had) picnic because of the bad weather.

   _____

D 指示に従って英文を書き換えなさい。
   1. He has to go to Hong Kong on business next week. （疑問文に）

   _____

   2. I would like to have curry and rice for lunch. （下線部を尋ねる文に）

   _____

   3. We should meet at the lobby of the hotel. （下線部を尋ねる文に）

   _____

   4. She can ride a bicycle. （未来形に）

   _____

   5. Speak more slowly. （would を文頭に置き依頼文に）

   _____

E 英文を聞き空所を補充しなさい。 🎧 14
   1. A：コーヒーはいかがですか。
      B：はい、いただきます。私はコーヒーが大好きです。
      A：(   ) you (   ) some coffee?
      B：Yes, please. I'm a coffee lover.

2. A：夕食はフランス料理店に行きましょうか。

   B：それはいいですね。

   A：（   ）we go to the French restaurant for dinner?

   B：That（   ）good.

3. A：この報告書を5部コピーしていただけますか。

   B：はい、いいですよ。

   A：（   ）you（   ）five copies of this report?

   B：Sure. No problem.

4. A：カーネギーさんをお願いできますか。

   B：あいにく会議中です。

   A：（   ）I（   ）to Mr. Carnegie?

   B：I'm afraid he's in a meeting.

5. A：急ぎましょう。彼女は私たちのことを待っているに違いありません。

   B：あなたの言う通りです。私が電話して向かっていると伝えます。

   A：Let's hurry up. She（   ）（   ）waiting for us.

   B：You're right. I'll call to tell her that we're on our way.

F　英文を書き取りなさい。   **15**

1. このアンケートに答えていただけますか。

_____

2. 信じられないかも知れませんが、昔は世界は平らだと考えられていました。

_____

3. マニュアルに従えばいいだけです。

_____

4. あきらめてはいけません。私たちならできます。

_____

5. 私たちはもっと時間があったら、もっといい仕事ができたでしょう。

_____

6. （電話で）どちら様ですか。

_____

7. お酒をそんなにたくさん飲まないようにしなければなりません。

_____

8. 土曜日にボーリングに行きませんか。

_____

9. ベルギーに 3 年間住んで、勉強になったことがたくさんあったでしょう。

_____

10. 水曜日の朝までに報告書を仕上げなければなりません。

_____

Unit 8　冠詞・名詞

◇冠詞

★通常、冠詞（a, an, the）は名詞の前に置かれるが、機械的に置かれるのではなく、話者が名詞が表す対象をどのように捉えているのかによって、使われる冠詞が決定される。

1　不定冠詞

1. He is a professional baseball player.（彼はプロ野球選手です）
2. This is an empty box.（これは空箱です）
3. I got a call from a Mr. May this morning.
   （私はメイという人から今朝電話をもらいました）
4. I eat Chinese food ten times a month.（私は中華料理を月に10回食べます）
5. I'll have a coffee.（コーヒーを1杯ください）
6. I had a delicious dinner yesterday evening.
   （私はきのうの晩美味しいディナーを食べました）

☞ 1〜3：複数存在する人や物の1つ　4：〜について　5,6：個別化

☞ 不定冠詞は通常弱く発音されたり、前の語と連結して発音される。

2　定冠詞

1. I went to the movie on Saturday. The plot was very exciting.
   （私は土曜日に映画に行きました。筋書きはとてもハラハラでした）
2. The phone is ringing. Will you get it?（電話が鳴っています。出てくれますか）
3. He can play the violin and the guitar.（彼はバイオリンとギターが弾けます）
4. The sun is about four hundred times heavier than the moon.
   （太陽は月の約400倍の重さです）

☞ 1：既出のもの　2：文脈からの特定　3：総称　4：唯一無二のもの

☞ 定冠詞は通常弱く発音される。

3　無冠詞

1. We went to church last Sunday.（私たちはこの前の日曜日に教会へ行きました）
2. She graduated from college in 2023.（彼女は2023年に大学を卒業しました）
3. Let's play baseball after school.（放課後野球をしましょう）
4. He likes English and math.（彼は英語と数学が好きです）
5. I commute by train.（私は電車通勤です）

☞ 1〜3：場所の本来の役割、1：曜日、4：科目名、5：交通手段

◇名詞

★名詞には、可算名詞（単数形と複数形の両方があり、a/an を単数形の前に置く）と不可算名詞（単数形のみで、a/an は用いない）がある。前者には普通名詞と集合名詞、後者には固有名詞、物質名詞、抽象名詞がある。

1 可算名詞

1. I have a PC and an iPad.（私はパソコンとアイパッドを 1 台ずつ持っています）
2. His office is filled with books, magazines and papers.
   （彼のオフィスは本や雑誌や書類でいっぱいです）
3. How big is your family?（家族は何人ですか）
☞ 1,2：普通名詞　3：集合名詞

2 不可算名詞

1. Lake Biwa is the largest lake in Japan.（琵琶湖は日本で一番大きな湖です）
2. Without air and water, we cannot survive.（空気と水なしでは生きられません）
3. Health is above wealth.（健康は富に勝ります）
☞ 1：固有名詞　2：物質名詞　3：抽象名詞
☞ 物質名詞は容器、単位、量を表す語を用いて数量化できる。

a glass of [water, beer, wine, whiskey, brandy, milk, orange juice…]
a cup of [tea, coffee, cocoa…]
a bar of [chocolate, soap…]
a piece of [bread, paper, advice, furniture, chalk, information…]
a pound of [beef, pork, chicken, ham…]
☞ some, much, a lot of はいずれの物質名詞にも用いられる。
☞ a glass of をはじめ、単位を表す語句は連結して発音される。

3 常に単数形、複数形で用いられる名詞

1. We sell our merchandise on the internet around the clock.
   （弊社は 24 時間インターネットで商品を販売しております）
2. I am satisfied with all of the software by ABC Company.
   （私は ABC 社のソフトすべてに満足しています）
3. Give me the scissors, please.（ハサミを取ってください）
4. How much are these compasses?（このコンパスはいくらですか）
5. Where should I change buses to get to Stanford University?
   （スタンフォード大学へ行くにはどこでバスを乗り換えたらいいですか）
☞ 1,2：常に単数形
☞ 3 ～ 5：常に複数形（3,4 は対のもの、5 は複数のものの存在を表わす）

A　次の英文を日本語に訳しなさい。

1. Early English education has both advantages and disadvantages.

_____

2. He didn't say a word about quitting school.

_____

3. The proverb I like the most is "Necessity is the mother of invention."

_____

4. The restaurant in front of the station changed hands recently.

_____

5. You should learn the dos and don'ts as a college student.

_____

B　空所に適切な冠詞を補充しなさい。不要な場合は×を入れなさい。

1. 私は先学期、数学 110 で F、英語 348 で B を取りました。
   I got（　　　　　）F in（　　　　　）Math 110 and（　　　　　）B in（　　　　　）
   English 348 last semester.

2. 私の友達は学生の時にたくさん旅行しました。
   （　　　　　）friend of mine did（　　　　　）lot of traveling when he was
   （　　　　　）student.

3. 私はおとといから頭痛がして喉が痛いです。
   I've had（　　　　　）headache and（　　　　　）sore throat since（　　　　　）
   day before yesterday.

4. 私は寝る前にウイスキーをロックで 1 杯飲みたいです。
   Before I go to（　　　　　）bed, I'd like（　　　　　）glass of whiskey on
   （　　　　　）rocks.

5. 妹は歌手であり作曲家ですが、人類学で修士号を持っています。
   My sister, who is（　　　　　）singer and composer, has（　　　　　）M.A. in
   （　　　　　）anthropology.

C　日本文の意味になるように語句を並べ換えなさい。
  1.　警察は迷子の犬を探してくれています。
  The（ looking / are / police / for ）my missing dog.

  _____

  2.　紙は何枚必要ですか。
  How（ sheets / paper / of / many ）do you need?

  _____

  3.　これが町にある唯一のベトナム料理店です。
  This is（ Vietnamese / only / restaurant / the ）in town.

  _____

  4.　私は彼ほどエネルギッシュな男性に会ったことはありません。
  I have never（ an / met / such / energetic ）man as he.

  _____

  5.　私は彼女とコスチュームパーティーで友達になりました。
  I（ with / friends / her / made ）at the costume party.

  _____

D　日本文の意味になるように空所を補充しなさい。
  1.　彼らはホットドッグ6本とフライドチキンを8本食べました。
  They ate six hot（　　　　　）and eight（　　　　　　）of fried chicken.
  2.　彼女はスプーン3杯の塩をスープに入れました。
  She put three（　　　　　　　）（　　　　　）（　　　　　）into the soup.
  3.　私は甘い物には目がありません。それでいつも虫歯が何本かあります。
  I have（　　　　　）sweet tooth. That's why I always have（　　　　　）few
  cavities.
  4.　私が1日にジョギングするのに2マイルは十分な長さです。
  Two（　　　　　）（　　　　　）long enough for me to go jogging in a day.
  5.　私は今日の午後メープルデパートで、靴3足とTシャツ4枚を買うつもりです。
  I am going to buy three（　　　　　　）of（　　　　　　）and four（　　　　　　）
  at Maple Department Store this afternoon.

E　英文を聞いて空所を補充しなさい。　🎧16

1. 『動物農場』は素晴らしい文学作品です。
   Animal Farm is（　　　）great（　　　）of（　　　）.

2. 私はオンラインで家具を数点買いました。
   I bought several（　　　）of（　　　）online.

3. 私はブロッコリーよりピーマンの方が好きです。
   I prefer green（　　　）to（　　　）.

4. 彼は8人家族です。
   His family（　　　）of eight（　　　）.

5. ブラウン一家は今年の夏まる2ヶ月間デンバーで過ごしました。
   The（　　　）spent a（　　　）two（　　　）in Denver this summer.

F　英文を書き取りなさい。　🎧17

1. 私たちは今日ロブソン通りでたくさん買い物をしました。
   _____

2. 貴重品を預かっていただけますか。
   _____

3. 目が赤いですよ。目薬をさしなさい。
   _____

4. 私は普通預金口座に少しお金があります。
   _____

5. 彼女はコンピュータープログラマーとして経験豊富です。
   _____

6. 山手線に乗って通勤していますか。
   _____

7. 私はこのブーツを750ドルで買いました。
   _____

8. 荷物はいくつありますか。
   _____

9. このズボンを 1 割引きにしてくれますか。

_____

10. 入社希望の会社について情報をたくさん集める方がいいですよ。

_____

Unit 9 受動態・命令文

◇受動態

★英語で頻繁に使われる S（主語）+V（動詞）+O（目的語）の文型では、S（主語）に焦点が置かれ「S（主語）がO（目的語）に働きかける」という意味が表されるのに対して、受動態ではO（目的語）に焦点が置かれ「O（目的語）にどのような働きかけがあったのか」という意味が表される。

1 能動態から受動態への変換

能動態　Mark Twain　wrote　this novel. （マーク・トゥエインがこの小説を書きました）

受動態　This novel　was written　by Mark Twain.
　　　　（この小説はマーク・トゥエインによって書かれました）

☞ 能動態の動詞部分は be＋過去分詞になる。

☞ by＋～によって行為者が表される。by は通常弱く発音される。

① L.A. is visited by lots of people every year.
　（ロサンゼルスは毎年多くの人によって訪れられています）

② The email was sent by one of my colleagues.
　（メールは同僚の一人によって送られました）

2 by＋～のない受動態

1. Are you all right? Is anyone hurt? （大丈夫ですか。怪我をした人はいませんか）
2. The meetings are held evrery Thursday afternoon.
　（会議は毎週木曜日の午後開かれます）

☞ 行為者を表す必要がないとき、行為者が不明のときに用いられる。

3 by 以外の前置詞を用いる受動態

1. I was impressed with the girl's speech.
　（私はその女の子のスピーチに感動しました）
2. The mountain is covered with snow. （山は雪に覆われています）
3. This bookshelf is made of steel. （この本棚はスチール製です）

☞ 他には次のような表現がある。

be known to～ （～に知られている） be disappointed at～ （～に失望する）
be pleased with～ （～が気にいる） be delighted at ［with］～ （～を喜ぶ）
be worried about～ （～を心配する） be interested in～ （～に興味がある）

get を用いた受動態

1. We got invited to the wedding reception the other day.
   （私たちは先日、結婚披露宴に招待されました）
2. He got hired as full-time staff member at MBS Company.
   （彼は MBS 社に常勤職員として採用されました）
3. I'm going to get vaccinated for the flu next week.
   （来週インフルエンザの予防接種を受けます）

☞ get を用いた受動態で動作や変化を明示することができる。

◇命令文

★命令文は、動詞の原形で始めて「～しなさい」「～してください」という意味を表す文である。

A **肯定形の命令文**

1. Be quiet. （静かにしてください）
2. Have some coffee. （コーヒーをどうぞ）
3. Stay home over the weekend. （週末は家にいてください）
4. Please close the window. It's cold outside. （窓を閉めてください。外は寒いです）
5. Do tell me the truth. （是非本当のことを話してください）
6. Everybody stand up. （みなさん立ってください）
7. Somebody help! （誰か助けてください）

☞4：please で丁寧な表現になる。5：do で強調する表現になる。
☞6,7：呼びかけの表現を入れた言い方。

B **否定形の命令文**

1. Don't be late for school. （学校に遅れてはいけません）
2. Don't be shy in your job interview. （就職の面接では恥ずかしがってはいけません）
3. Don't cry. I'll help you. （泣かないで。助けてあげるから）
4. Never touch this vase. （この花瓶に絶対さわってはいけません）

☞1～3：Don't［ドン］（[t] の脱落）

C **Let を用いた命令文**

1. Let me try. （私にやらせてください）
2. Let me introduce myself. （自己紹介させてください）
3. Let's have a rest. （ひと休みしましょう）
4. Let's not think about it anymore. （それについてもう考えないことにしましょう）

☞Let's＋動詞の原形で「～しましょう」という意味をあらわす。
1,2：Let me は［レミ］と発音されることがある。発音綴りは Lemme。
3,4：Let's の[le]が脱落して「ツ」のように発音される場合がある。

A 次の英文を日本語に訳しなさい。

1. Make sure to turn off all the lights before you go to bed.

_____

2. It is reported that OKB Company was established in 2015.

_____

3. When will the new schedule be announced?

_____

4. Come in and make yourself at home.

_____

5. He got transferred to New York last month.

_____

B 日本文の意味になるように選択肢から適語を選び、必要に応じて語形を変えて空所を
補充しなさい。　[anchor, please, do, promote, care, you]

1. ドーナツを自由に食べてください。
   Please help （　　　　　　　　） to some donuts.
2. クイーンメリー号はロングビーチに停泊しています。
   The Queen Mary is （　　　　　　　　） in Long Beach.
3. 円安に対処するために何かしなければなりません。
   Something has to be （　　　　） to cope with the falling yen.
4. 言葉には気をつけなさい。
   Be （　　　　　　　　） about what you say.
5. あなたが人事部長に昇進されたと知ってうれしいです。
   I am （　　　　　　　　） to know that you got （　　　　　　　　） to head of
   the Human Resources Department.

C 能動態を受動態に、受動態を能動態に書き換えなさい。

1. They built the Eiffel Tower in 1889.

_____

2. All the professors praised my graduation thesis.

_____

3. Mr. Lyons will buy this house.

_____

4. Lots of students use the school library every day.

_____

5. How many languages are spoken in Switzerland?

_____

D　日本文の意味になるように括弧内の語を並べ換えて英文を書きなさい。
1. それについてこれ以上話し合わないようにしましょう。
Let's (discuss / any / it / not) further.

_____

2. 彼は水泳部の部長に選ばれて驚きました。
He was (being / surprised / at / elected) captain of the swimming club.

_____

3. このノートパソコンの保証期間は 3 年です。
This (for / is / notebook / guaranteed) three years.

_____

4. あなたは時間給で働いているのですか。
Do (by / paid / you / get) the hour?

_____

5. 質問があったら遠慮しないで聞いてください。
Please (to / ask / hesitate / don't) me if you have any questions.

_____

E　英文を聞いて空所を補充しなさい。　　　　　　　　　　　　　18
1. A：ワシントン D.C. まで交代で運転しましょう。
B：そうましょう。
A：(　　　　) take (　　　　) driving to Washington, D.C.

B：Why（　　　　）?
　2.　A：宿題を手伝ってくれてありがとう。
　　　B：どういたしまして。
　　　A：Thanks for your help with my homework.
　　　B：（　　　　）（　　　　　）it.
　3.　A：もう 10 分寝かせてくれよ。
　　　B：あなた、遅れても知らないわよ。
　　　A：（　　　　）me sleep for another ten minutes.
　　　B：Honey,（　　　　）blame me if you are late.
　4.　A：出身はどちらですか。
　　　B：ローマで生まれてミュンヘンで育ちました。
　　　A：Where are you from?
　　　B：I was（　　　　）in Rome and（　　　　　　）in Munich.
　5.　A：羽田空港は現在拡張中ですか。
　　　B：そう思います。
　　　A：Is Haneda Airport（　　　　）（　　　　　　　　）at the moment?
　　　B：I guess so.

F　CD を聞いて英文を書き取りなさい。　　　　　　　　　　　⟨19⟩
　1.　昼食の後公園に散歩に行きましょう。

　　　＿＿＿＿＿＿＿＿＿＿＿＿＿＿＿＿＿＿＿＿＿＿＿＿＿＿＿

　2.　彼は医者からすぐにタバコをやめるように言われました。

　　　＿＿＿＿＿＿＿＿＿＿＿＿＿＿＿＿＿＿＿＿＿＿＿＿＿＿＿

　3.　このワインはサクランボからできています。

　　　＿＿＿＿＿＿＿＿＿＿＿＿＿＿＿＿＿＿＿＿＿＿＿＿＿＿＿

　4.　あなたはアメリカ文化に関心がありますか。

　　　＿＿＿＿＿＿＿＿＿＿＿＿＿＿＿＿＿＿＿＿＿＿＿＿＿＿＿

　5.　じゃあまた。必ずメールしてね。

　　　＿＿＿＿＿＿＿＿＿＿＿＿＿＿＿＿＿＿＿＿＿＿＿＿＿＿＿

　6.　すみません。この席は空いていますか。

　　　＿＿＿＿＿＿＿＿＿＿＿＿＿＿＿＿＿＿＿＿＿＿＿＿＿＿＿

7. このウェブサイトには 1 月から約 300 万人が訪問しています。

_____

8. これらの教科書は初級者向けです。

_____

9. 今夜は持ち寄りパーティーで楽しんでね。

_____

10. さあ元気を出してください。1 杯おごりますよ。

_____

Unit 10 不定詞・動名詞

◇不定詞

★不定詞とは "to＋動詞の原形" の形で動詞の性質を有しつつ、名詞、副詞、形容詞の働きをするものである。

1 名詞的用法

1. To see is to believe. (百聞は一見に如かず)
2. My dream is to live in Paris. (私の夢はパリに住むことです)
3. I want to visit Alaska someday. (私はいつかアラスカを訪ねたいです)
4. Do you want to go climbing with me? (一緒に山登りに行きませんか)
5. He hopes to find a good job. (彼はいい仕事を見つけたいと思っています)
6. I love to watch Major League Baseball games on TV.
   (私はテレビで大リーグの野球の試合を見るのが好きです)
☞1～6：不定詞が文の主語、補語、目的語になり名詞的に機能している。
☞3,4：want to は［ワナ］と発音されることがある。発音綴りは wanna。

2 副詞的用法

1. He went to the UK to study English.
   (彼は英語を勉強するためにイギリスへ行きました)
2. She came to see me this morning. (彼女は今朝私に会いに来ました)
3. I'm happy to meet you. (お会いできてうれしいです)
☞1～3：不定詞が「～するために（動作の目的）」「～して（感情の原因）」の意味を表し副詞的に動詞を修飾している。

3 形容詞的用法

1. I have lots of things to do today. (私は今日やることがたくさんあります)
2. I'd like something to drink. (飲み物をいただきたいです)
3. The girl wants a toy to play with. (女の子は遊ぶ玩具を欲しがっています)
☞1～3：不定詞が「～するための」という意味を表し形容詞的に名詞を修飾している。

4 さまざまな不定詞表現

1. Do you want me to look over your paper? (レポートを見ましょうか)
2. One is never too old to learn. (年をとりすぎて学べないことは決してありません)
3. He was kind enough to tell me the way to the subway station.
   (彼は親切にも地下鉄の駅への道を教えてくれました)

4. Tell me <u>how to use</u> this iPad. （このアイパッドの使い方を教えてください）
5. Let's discuss <u>what to do</u> to increase sales.

（売り上げを増やすために何をすべきか話し合いましょう）

◇動名詞

★動名詞は "動詞＋ing" の形で動詞の性質を有しながら、名詞の働きをする振る舞い方をするものである。音声的には動詞＋ing の ing は[ŋ]が弱く発音されるために、[イン]のような音になったり、後ろに続く語と連結する。

1 動名詞の働き

1. <u>Living</u> alone is free from cares. （ひとり暮らしは気楽です）
2. My hobbies are <u>gardening</u> and <u>taking</u> photos. （私の趣味はガーデニングと写真です）
3. She is good at <u>cooking</u> Turkish food. （彼女はトルコ料理が得意です）
4. Thank you for <u>calling</u>. （お電話ありがとうございます）
5. I finished <u>studying</u> for the English exam. （私は英語の試験勉強を終えました）
6. He enjoys <u>surfing</u> the internet every evening.

（彼は毎晩ネットサーフィンを楽しんでいます）

☞1 ～ 6：動名詞が主語、補語、目的語になり名詞的に機能している。

☞5,6：finish, enjoy は動名詞のみを目的語に取る動詞。他には、avoid, miss, mind, imagine, deny など。不定詞のみを目的語に取る動詞は、ask, decide, want, hope など。

2 さまざまな動名詞の表現

1. Do you mind me <u>staying</u> here for a while? （しばらくここにいてもいいですか）
2. On <u>arriving</u> in Melbourne, she called me.

（メルボルンに着くとすぐ彼女は私に電話をくれました）

3. It's no use <u>crying</u> over spilt milk. （覆水盆に返らず）
4. This app is <u>worth buying</u>. （このアプリは買う価値があります）
5. This air conditioner <u>needs fixing</u>. （このエアコンは修理が必要です）
6. I remember <u>sending</u> the attachment to her.

（私は彼女に添付ファイルを送ったことを覚えています）

7. I'll never forget <u>climbing</u> Mt.Fuji. （私は富士山に登ったことを忘れないでしょう）

☞ 不定詞との意味の違いに注意しよう。

・Remember <u>to take</u> this medicine twice a day. （忘れずに1日2回この薬を飲みなさい）
・I forgot <u>to call</u> her. （私は彼女に電話するのを忘れました）

A　次の英文を日本語に訳しなさい。

1. Do you want me to send the file as a PDF?

_____

2. I wish to become fluent in English some day.

_____

3. I don't mind you eating my rice ball.

_____

4. You are too young to get a driver's license.

_____

5. I'm looking forward to hearing from you soon.

_____

B　日本文の意味を表すように適切な語句を選びなさい。

1. 私は退職したら世界一周旅行をする計画です。
   I plan (traveling / to travel) around the world after I retire.

_____

2. 彼はそう言ったことを否定しました。
   He denied (having / to have) said so.

_____

3. 彼女は質問に答えるのを拒否しました。
   She refused (answering / to answer) the question.

_____

4. 私は手紙を出し忘れました。
   I forgot (posting / to post) the letter.

_____

5. このドレスは彼女にぴったりのようです。
   This dress seems (fitting / to fit) her.

_____

C 日本文の意味を表すように括弧内の語句を並べ換えなさい。

1. 彼女はティラミスの作り方を習っています。

   She is（ make / to / learning / how ）Tiramisu.

   _____

2. 私は彼に駅で会ったことを覚えています。

   I（ meeting / at / remember / him ）the station.

   _____

3. 外国語を学ぶのは楽しいです。

   It（ to / fun / is / study ）a foreign language.

   _____

4. 私は今年の夏にどこに行くか決めていません。

   I haven't（ where / go / decided / to ）this summer.

   _____

5. 彼は英語でスピーチすることに慣れていません。

   He is（ making / to / used / not ）a speech in English.

   _____

D 日本文の意味を表すように選択肢から適語を選び、必要に応じて語形を変えて空所を
   補充しなさい。　　　　　　[drink, eat, hear, read, get]

1. 私は今夜外食したい気分です。

   I feel like（　　　　　　）out this evening.

2. ボブ、起きる時間ですよ。

   Bob, it's time to（　　　　　　）out of bed.

3. メールを読むとすぐ彼女は微笑みました。

   On（　　　　　　）the email, she smiled.

4. 彼は2年前にお酒をやめました。

   He gave up（　　　　　　）two years ago.

5. 私はその知らせを聞いてほっとしています。

   I'm relieved to（　　　　　　）the news.

E　英文を聞き空所を補充しなさい。

20

1. A：必要な情報を得るのにインターネットを使うのはどうですか。

   B：それはいい考えです。そうします。

   A：（　　　　）（　　　　）（　　　　　　　　） the internet to get the information you need?

   B：That's a good idea. I'll do that.

2. A：金曜日に夕食に来てほしいです。

   B：ありがとうございます。喜んで伺います。

   A：I'd like you （　　　　　）（　　　　　） over for dinner on Friday.

   B：Thank you very much. I'd be happy to.

3. A：エリオットじゃないの。ここで会うなんて奇遇ね。

   B：やあ、ナタリー。元気かい。

   A：Well, if it isn't Elliot? （　　　　　）（　　　　　　） you here.

   B：Hi, Natalie. How's it going?

4. A：土曜日にセイリングに行く時間はありますか。

   B：土曜日はだめだけど、日曜日ならいいわ。

   A：Are you free （　　　　　）（　　　　　） sailing on Saturday?

   B：Saturday is not good, but Sunday is okay.

5. A：ここから東京ドームに行くのに一番いい方法は何ですか。

   B：電車に乗るのがいいです。その方が速いです。

   A：What's the best way （　　　　　）（　　　　　） to Tokyo Dome from here?

   B：I suggest （　　　　　　） the train. That's faster.

F　英文を書き取りなさい。

21

1. 余裕をもって学期末試験に備えなさい。

   _____

2. 来週のスケジュールを知らせてくれてありがとう。

   _____

3. 私はポップスを聞くのが楽しみです。

   _____

4. 月曜日までに終えなければならないレポートが２つあります。

   _____

5. 彼が議長に選ばれて私たち全員が満足です。

_____

6. 私は試しに女の子に英語で話しかけてみましたが、通じませんでした。

_____

7. 彼は私にダイアの指輪を買ってあげると約束しました。

_____

8. データのダウンロードの仕方を教えてください。

_____

9. 哲学を勉強しようと思ったきっかけは何ですか。

_____

10. 学生たちは教授のジョークに笑いが止まりませんでした。

_____

Unit 11　Here・There 構文

★ "here"、"there" には、人、物、状況、行為の存在や出現を表す表現がある。"here" は「ここに」という訳になる場合があるが、"there" は、新情報の提示のサインの働きをしているだけで、特別な意味は有していない。

◇ Here 構文

1 Here＋be 動詞

1. Here's my email address.（これが私のメールアドレスです）
2. Here's our school.（ここに私たちの学校があります）
3. Here's Carol.（キャロルに代わります）＊電話
4. Here's the fifty dollars I owe you.（借りた 50 ドルを返します）
5. Here are my New Year's resolutions.（これらが私の新年の抱負です）
6. Here we are.（着きました）
☞ 1 〜 4：Here's ［ヒアズ］（縮約）

2 Here＋一般動詞

1. Here comes the train.（電車が来ました）
2. Here we go.（さあ行きましょう）
3. Here goes nothing.（ダメもとでやってみようか）

◇ There 構文 ☞ There's ［ゼアズ］（縮約）There're ［ゼアア］（縮約）

1 There＋be 動詞＋名詞

1. There's an Italian restaurant just around the corner.
   （すぐ近くにイタリア料理店があります）
2. There's a wastebasket by the desk.（机のそばにくずかごがあります）
3. There's too much salt in this soup.（このスープは塩の入れ過ぎです）

2 There＋be 動詞＋名詞＋現在分詞

1. There's Sharon standing at the gate.（門の所にシャーロンが立っています）
2. There's a shuttle bus running from the hotel to the airport.
   （ホテルから空港までシャトルバスが出ています）

3 There＋be 動詞＋名詞＋過去分詞

1. There're two oranges left in the basket.（かごにオレンジが 2 つ残っています）
2. There's very little litter scattered in the park.
   （公園にはごみはほとんど散らかっていません）

4 There＋is＋no＋名詞

1. There is no doubt about it. (それには疑いの余地がありません)
2. There is no hurry. (急がなくていいです)

5 There＋is＋nothing＋to＋動詞

1. There is nothing to lose. (失うものは何もありません)
2. There is nothing to be afraid of. (恐がることは何もありません)

6 There is no＋（名詞）＋動詞 -ing

1. There is no telling when we will finish the project.
   (私たちがそのプロジェクトをいつ終えるか分かりません)
2. There is no use arguing with them about the plan.
   (その計画について彼らと議論しても無駄です)

7 There is no way＋主語＋動詞

1. There is no way I will get an A in Physics 427.
   (物理学 427 で A がもらえるなんてあり得ません)
2. There is no way she is going to tell us the truth.
   (彼女が私たちに真実を話すなんてあり得ません)

8 There＋一般動詞

1. There goes the last train. (あっ、終電が行ってしまうよ)
2. There seems to be something wrong with the printer.
   (プリンターの調子がおかしいです)
3. There stands a cathedral in the center of our city.
   (私たちの町の中心に大聖堂があります)

9 There you go

1. There you go. You're getting better at speaking English.
   (その調子。英会話がうまくなってきましたね)
2. A：Pass me the pepper, please.
   B：There you go.
   A：コショウをまわしてください。
   B：はいどうぞ。
3. A：I've got five A's this semester.
   B：There you go. You've done an excellent job.
   A：今学期は A が 5 つです。
   B：よかったわね。本当に頑張ったのね。

A　次の英文を日本語に訳しなさい。

1. Here's a little something for you. I hope you'll like it.

_____

2. There are a lot of children playing in the park.

_____

3. There's no need to contact him. He already has the schedule.

_____

4. There will be a boxing match on TV tomorrow.

_____

5. There used to be a fitness club in front of the station.

_____

B　本文の意味になるように選択肢から適語を選び、必要に応じて語形を変えて空所を補充しなさい。　　[be, be, be, mop, leave, happen, go, serve]

1. 彼がどちらの味方かは明らかです。

There （　　　　） no mistake which side he is on.

2. ボトルにたまたまウイスキーが少し残っています。

There （　　　　　） to be some whiskey （　　　　） in the bottle.

3. また玄関のチャイムが鳴っています。

There （　　　　） the doorbell again.

4. 数人の男の子が床にモップをかけています。

There （　　　　） a few boys （　　　　　） the floor.

5. この地域は 11 時以降はバスが通りません。

There （　　　　） no bus （　　　　　） in this area after eleven o'clock.

C　日本文の意味になるように括弧内の語を並べ換えて英文を書きなさい。

1. ここにあなたが探していた文書があります。

Here is （ document / the / you've / that ） been looking for.

_____

2. ヨーロッパ経済がいつ回復するか分かりません。
There（ when / knowing / is / no ）the European economy will pick up.

_____

3. きのうの夜山火事がありました。
There（ forest / a / was / fire ）last night.

_____

4. 今日の午後テレビでためになるクイズ番組をやっていました。
There（ instructive / an / quiz / was ）show on TV this afternoon.

_____

5. 日本には図書館はいくつあるのかしら。
I wonder（ many / libraries / there / how ）are in Japan.

_____

D　日本文の意味になるように空所を補充しなさい。
1. 冷蔵庫には食べ物がありませんでした。
（　　　　）was（　　　　）food in the fridge.
2. 8 階にインド料理店がありますか。
（　　　　）there an Indian restaurant（　　　　　　）the eighth floor?
3. お昼に休みがあります。
（　　　　）is a break（　　　　）noon.
4. 青木由香と申します。名刺をどうぞ。
I'm Yuka Aoki. Here（　　　　）my card.
5. ゴルフ部には部員が 25 人います。
There（　　　　）twenty-five members in the golf club.

E　英文を聞いて空所を補充しなさい。
1. A：パスポートを拝見できますか。
　　B：はいどうぞ。
　　A：May I see your passport?
　　B：（　　　　）（　　　　）（　　　　）.
2. A：奨学金に応募したい人は誰かいますか。
　　B：はい。私です。
　　A：（　　　　）（　　　　）anyone wanting to（　　　　）for the scholarship?

B：Yes. I'd like to.
3. A：あなたに乾杯！
   B：ありがとうございます。
   A：（　　　　　）（　　　　　）（　　　　　）!
   B：Thank you.
4. A：大丈夫ですか。
   B：胃が何かおかしいです。
   A：Are you all right?
   B：（　　　　　）（　　　　　）wrong（　　　　　）my stomach.
5. A：テーブルにグラスはいつくありますか。
   B：7つです。
   A：How many glasses（　　　　　）（　　　　　）on the table?
   B：（　　　　　）（　　　　　）seven.

F　英文を書き取りなさい。
1. お部屋番号は 5807 です。お部屋の鍵をどうぞ。

   _____

2. このあたりに郵便局はありますか。

   _____

3. たくさんの人が列に並んでいますか。

   _____

4. ケベックで 2 月に記録的な降雪がありました。

   _____

5. ユニオン駅に着きました。

   _____

6. 心配することは何もありません。明るい未来が待っていますよ。

   _____

7. ここに取り組むべきプロジェクトがいくつかあります。

   _____

8. バンクーバーは緑がたくさんあります。

   _____

9. 今日、化学の試験にやさしい問題がいくつかありました。

_____

10. 明日、学校は休みです。

_____

Unit 12　It　表現

★英語の it には既出の単数名詞を受けて「それ」「そのもの」を意味する用法以外に、①時間、距離、天候、明暗などを表す、②形式主語として後続の不定詞、動名詞、that 節などを受ける、③後続の that 節を指す、④慣用語、などの用法がある。

A　主語の it

1　時間、日にち、天候、距離を表す

1. What time is it?（今何時ですか）
2. It's eight o'clock sharp.（8 時ちょうどです）
3. A：What day is it today?（今日は何曜日ですか）
   B：It's Friday.（金曜日です）
4. It's been snowing for two weeks.（2 週間雪が降り続いています）
5. It's only a mile to Central Park.（セントラル公園までわずか 1 マイルです）
☞ 2 ～ 5：It's［イッツ］（縮約）

2　形式主語

1. It is important to think big in order to succeed.
   （成功するには野心的に考えることが重要です）
2. It's kind of you to say that.（そう言ってもらえるとありがたいです）
3. It's no use trying to persuade him to accept our offer.
   （私たちの申し出を受け入れるように、彼を説得しようとするのは無駄です）
4. It was nice meeting you.（お会いできてうれしかったです）
5. It is a pity that you can't come to the farewell party.
   （あなたが送別会に来られないのは残念です）
☞ 2,3：It's［イッツ］（縮約）

3　it looks like～

1. It looks like rain.（雨になりそうです）
2. It looks like the government is going to raise taxes.
   （政府は税金をあげるようです）

4　後続の節を指す

1. It appears that we will not get a bonus this year.
   （今年はボーナスが貰えないようです）
2. It so happens that we're going for a drink. Would you like to join us?
   （ちょうどみんなで飲みに行くところです。一緒にどうですか）

3. It turns out that Peter and Maria got back together again.
（結局ピーターとマリアはよりを戻しました）

5 　状況・事情を表す

1. A：How's it going?（調子はどう）

   B：Pretty good. How's it going with you?（いいわよ。あなたはどう）

2. A：How goes it?（調子はどう）

   B：Super. How about you?（最高だよ。君は）

☞1：How's［ハウズ］（縮約）

6 　場に存在する人を指す

1. A：Who is it?（どちら様ですか）

   B：It's me, Alan.（アランだよ）

2. Someone is knocking at the door. Go and see who it is.

   （誰かがドアをノックしています。誰か見てきてください）

☞1：It's［イッツ］（縮約）

7 　強調構文の主語

1. It was Tony that got a hundred on the poli-sci test.

   （政治学のテストで100点を取ったのはトニーでした）

2. It was in 2017 that she made her first visit to Sacramento.

   （彼女が初めてサクラメントを訪れたのは2017年でした）

B 　目的語の it

1. We are throwing a buffet party on Friday. Can you make it?

   （私たちは金曜日に立食パーティーをします。来られますか）

2. We finally made it to Tronto.（私たちはついにトロントに着きました）

3. Driver, step on it.（運転手さん、飛ばしてください）

4. He did it! It's a grand slam!（やった！満塁ホームランだ！）

5. I feel it better to ask her about it.

   （私は彼女にそれについて尋ねるのがいいと思います）

☞ it は前の語と連結して発音される。1：make it［メイキッ］ 2：made it［メイディ］

3：step on it［ステッポニ］ 4：did it［ディディ］ 5：feel it［フィーリ］

A　次の英文を日本語に訳しなさい。

1. It's getting late. I'd better be going now.

_____

2. It's convenient to live close to a supermarket.

_____

3. She did it! She got first place in the Honolulu Marathon.

_____

4. It takes about five hours to get to San Antonio from here.

_____

5. It was last Sunday that we had a cocktail party at the Century Hotel.

_____

B　日本文の意味になるように選択肢から適語を選び、必要に応じて語形を変えて空所を補充しなさい。　　[be, be, go, seem, find, marry, say, do]

1. 彼らは 12 月に結婚するようです。

　　It（　　　　　　）they are getting（　　　　　　）in December.

2. 私は今は遅すぎて計画は変更できないと思います。

　　I'm afraid it（　　　　）too late to change our plan now.

3. 彼が今週末までにマーフィーさんと連絡を取ることが重要です。

　　It（　　　　　）important that he get in contact with Mr. Murphy by the end of this week.

4. 私は名古屋の夏はエアコンなしでは辛いと思います。

　　I（　　　　）it hard to（　　　　　）without an air conditioner in Nagoya in the summer.

5. シンガポールがアジアの金融の中心地であることは言うまでもありません。

　　It（　　　　）without（　　　　　　）that Singapore is the financial center of Asia.

C 日本文の意味になるように括弧内の語を並べ換えて英文を書きなさい。

1. 英語で卒業論文を書くのは私には絶対無理です。
   It (for / is / impossible / me) to write a graduation thesis in English.

   _____

2. お酒の飲み過ぎは体に悪いですよ。
   It (bad / your / is / for) health to drink too much.

   _____

3. 彼女に本当のことは言いにくいです。
   It (easy / is / not / to) tell her the truth.

   _____

4. 飲酒運転は違法です。
   It (to / is / drive / illegal) under the influence.

   _____

5. 毎朝散歩することにしています。
   I (it / habit / make / a) to take a walk every morning.

   _____

D 日本文の意味になるように空所を補充しなさい。

1. 今9時15分前です。
   (   ) is a (   ) to nine now.

2. 明日会いに行ってもいいですか。
   Is (   ) all right if I come to see you tomorrow?

3. 今日は凍るような寒さです。
   (   ) freezing today.

4. また会えてうれしいです。
   (   ) good (   ) see you again.

5. そろそろ寝る時間ですよ。
   (   ) about time (   ) go to bed.

E　英文を聞き空所を補充しなさい。　　　　　　　　　　　　　　　24

1. 大学で勉強するのに年齢は重要ではありません。
   To study in college, (　　　　) (　　　　　) (　　　　　) how old you are.
2. 彼は富と名声があるからといって、幸せというわけではありません。
   Just because he's got fame and fortune, (　　　　) (　　　　　　)
   (　　　　　　) that he is happy.
3. 大都市では土地の値段が上がっているようです。
   (　　　　) (　　　　) that land (　　　　) are going up in big cities.
4. 異文化について学ぶのは楽しいです。
   (　　　　) (　　　　) (　　　　　) to learn about different cultures.
5. パンフレットを送っていただけるとありがたいです。
   I'd (　　　　　　　) (　　　　) (　　　　　) you could send me your
   brochure.

F　英文を書き取りなさい。　　　　　　　　　　　　　　　　　　25

1. 誕生日パーティーに招待してくれてどうもありがとう。

   _____

2. ノルウェー語を勉強し始めてまだ 3 ヶ月です。

   _____

3. ここからリンカーン記念館まではどれくらいの距離ですか。

   _____

4. 家を改装するのにたくさんお金がかかりました。

   _____

5. 9 月だというのにバンフではもう真冬のようです。

   _____

6. 地下鉄の駅まで歩いて 10 分以内です。

   _____

7. じゃあね。また来週ね。

   _____

8. ドアに鍵をかけ忘れるとは私の不注意でした。

   _____

9. 私たちが 1 ヶ月以内に調査を終えるのは難しいでしょう。

_____

10. あなたが私のメールをまだ受け取っていないのは変です。

_____

Unit 13 前置詞

★前置詞は名詞や動名詞の前に置かれる語で、前置詞＋名詞（動名詞）で、時間、場所、手段、方法、所属、行為などさまざまな意味を表す。音声的には弱く発音されたり、前後の語と連結して発音される。

A よく使われる前置詞

1 at

1. I usually go to bed at 10 p.m. （私は普通は午後 10 時に寝ます）［時刻］
2. He arrived at the airport this morning. （彼は今朝空港に着きました）［場所］
3. What are you looking at? （何を見ていますか）［対象］
4. He is at work. （彼は仕事中です）［進行］
5. We were surprised at his reaction to our proposal.
（私たちは提案に対する彼の反応に驚きました）［原因］

2 on

1. Look at the picture on the wall. （壁にかかっている絵を見なさい）［場所］
2. He is on a diet. （彼はダイエット中です）［進行］
3. The dinner is on me. （ディナーは私の奢りです）［負担］
4. I take piano lessons on Sundays.
（私は日曜日にピアノのレッスンを受けています）［曜日］
5. She was born on July 14. （彼女は 7 月 14 日生まれです）［日付け］
6. I watched the tennis match on TV. （私はテレビでテニスの試合を見ました）［手段］

3 in

1. She lives in Lexington. （彼女はレキシントンに住んでいます）［場所］
2. We have a lot of rain in June. （6 月に雨がたくさん降ります）［月］
3. He'll be back in ten minutes. （彼は 10 分で戻ります）［経過］
4. I got a C in English 126. （私は英語 126 は C でした）［分野］
5. Can I speak in Japanese? （日本語で話してもいいですか）［手段］
6. She looks nice in that dress. （彼女はそのドレスが似合います）［装着］

4 for

1. I have been studying Polish for two years.
（私はポーランド語を勉強して 2 年になります）［期間］
2. This is a train for Glasgow. （これはグラスゴー行の電車です）［行き先］
3. We are all for you. （私たちは全員あなたの味方です）［支持］
4. I'm looking for a part-time job. （私はアルバイトを探しています）［対象］

5. I bought this tie for two thousand yen.
（私はこのネクタイを 2000 円で買いました）［金額］

5 by

1. I'll go there by bus or by car. （私はそこへはバスか車で行きます）［手段］
2. We'll finish the work by Monday. （私たちは月曜日までには仕事を終えます）［期限］
3. The novel was written by him. （小説は彼によって書かれました）［行為者］

6 with

1. I'll go shopping with her. （私は彼女と一緒に買い物に行きます）［同伴］
2. Are you with me? （あなたは私の言っていることが分かりますか）［理解］
3. He is with the BBC. （彼は BBC に勤めています）［勤務］
4. She is in bed with a high fever. （彼女は高熱で寝込んでいます）［原因］
5. Can I write with a pencil? （鉛筆で書いてもいいですか）［手段］

7 from

1. Times Square is far from here. （タイムズスクウェアはここから遠いです）［起点］
2. He is from Oregon. （彼はオレゴン出身です）［出身］

8 to

1. I work from nine to six. （私は 9 時から 6 時まで仕事です）［到達時刻］
2. Have you been to Canada? （あなたはカナダへ行ったことがありますか）［到達場所］

B 群前置詞

1. According to the weather forecast, it will be cloudy tomorrow.
（天気予報では、明日は曇りです）［情報源］
2. Prior to her marriage, she was a flight attendant.
（結婚する前は彼女は客室乗務員でした）［時間］
3. I didn't go to work yesterday because of a cold.
（私はきのう風邪で仕事に行きませんでした）［理由］

C 前置詞を使った成句

1. Do you believe in UFOs? （あなたは UFO が存在すると思いますか）
2. I'll write to you soon. （すぐに手紙を書きます）
3. Please take care of yourself. （どうか体を大事にしてください）
4. The concert hall is full of people. （コンサートホールは人でいっぱいです）
5. Vegetables are good for your health. （野菜は健康にいいです）

☞ 群前置詞、成句とも連結して発音される。

A　次の英文を日本語に訳しなさい。

1. Please switch off your cell phone during class.

   _____

2. She can speak French and Italian in addition to English.

   _____

3. Are you for or against our proposal?

   _____

4. That project will call for lots of money.

   _____

5. From Nagoya to Tokyo, it is about ninety minutes by bullet train.

   _____

B　日本文の意味になるように括弧内の選択肢から適語を選びなさい。

1. 僕の車でドライブするのはどうですか。

   Why don't we go for a drive (by / with / in) my car?

   _____

2. 私は渋滞で学校に遅れました。

   I was late for school because (from /of / to) the traffic jam.

   _____

3. 私は間違えて彼女にメールを送りました。

   I sent an email to her (at / by / on) mistake.

   _____

4. 明日の朝8時に迎えに来てもらえますか。

   Can you pick me (for / off / up) at 8 a.m. tomorrow?

   _____

5. 来週連絡します。

   I'll be (as / in / through) touch with you next week.

   _____

C 日本文の意味になるように括弧内に適語を補充しなさい。
1. 仕事が終わったら、同僚とどれくらい飲みに行きますか。
   How often do you go（　　　　）a drink（　　　　）your coworkers（　　　　）work?
2. がっかりしたことに、ハイキングの日は雨でした。
   （　　　　）our disappointment, it rained（　　　　）the day of our hike.
3. 私たちは 12 月 28 日の朝ストックホルムに着きました。
   We arrived in Stockholm（　　　　）the morning（　　　　）December 28.
4. イチゴの季節は終わりました。
   Strawberries are（　　　　）（　　　　）season.
5. 私は 7 月から卒論に取り組んでいます。
   I have been working（　　　　）my thesis（　　　　）July.

D 日本文の意味になるように括弧内の語を並べ換えなさい。
1. 心配いりません。いつもあなたの味方です。
   Don't worry. I'm（ side / your / on / always ）.

   _____

2. このジーンズを試着してもいいですか。
   Can I try（ this / on / pair / of ）jeans?

   _____

3. 会議に時間通りに来てください。
   Please be（ for / time / on / the ）meeting.

   _____

4. 私はジャスミン茶じゃなくてアイスコーヒーをもらいます。
   I'll have iced（ of / jasmine / instead / coffee ）tea.

   _____

5. 私は言われた通りにやります。
   I'll do（ to / what / it / according ）you've told me.

   _____

E　英文を聞いて空所を補充しなさい。　🎧 26

1. 彼は黙って彼女の話を聞きました。
   He listened to her （　　　　　） （　　　　　）.

2. ペットショップは銀行と郵便局の間にあります。
   The pet shop is （　　　　　） the bank （　　　　　） the post office.

3. 前向きに考えましょう。明日は明日の風が吹きます。
   Let's think positive. Tomorrow will （　　　　　） （　　　　　） （　　　　　） itself.

4. 彼女は英語とフランス語で楽々会話できます。
   She is able to converse in English and French （　　　　　） （　　　　　） （　　　　　）.

5. 私はガス欠だと思います。
   I'm afraid （　　　　　） （　　　　　） （　　　　　） gas.

F　英文を書き取りなさい。　🎧 27

1. コーヒーを飲みながら旅行の計画について話しましょう。

   _____

2. 私は人前で話すのが得意ではありません。

   _____

3. 彼はメガネをかけて新聞を読んでいます。

   _____

4. テニスの試合は豪雨のために延期になりました。

   _____

5. 料理コンテストで1等賞おめでとう。

   _____

6. 電話かメールで答えを知らせてください。

   _____

7. 実を言うと映画に行く気分ではありません。

   _____

8. 今そちらに向かっています。5時までには着きます。

   _____

9. 私たちは休暇でラスベガスに来ています。

_____

10. 水曜日の夜 8 時は空いていますか。

_____

Unit 14 接続詞

★接続詞は、語と語、句と句、文と文などを結びつけて情報を付加していく働きをする。

1. 等位接続詞

A and：並列 ～と…、～そして…

1. Roy and Jill are social workers.（ロイとジルは社会福祉指導員です）
2. Come and see me tomorrow.（明日会いに来てください）
3. She played the violin, and I played the flute.
   （彼女はバイオリンを弾いて、私はフルートを吹きました）
☞1～3：and［ン］（弱化）

B but：逆接 しかし

1. I can translate English, but I cannot speak it.
   （私は英語を訳すことはできますが話せません）
2. I love meat, but you don't.（私は肉が好きですが、あなたはそうではありません）
☞1：but I［バライ］（[t]の有声化） 2：but you［バチュ］（同化）

C or：選択 ～かそれとも…

1. Which would you like, coffee or tea?（コーヒーと紅茶ではどちらがいいですか）
2. I'll have a steak or spaghetti for lunch.（昼食にステーキかスパゲッティを食べます）
☞1～2：or は弱く発音される。

D so：結果 それで～

1. I had a fever, so I didn't go to school.
   （私は熱があったので、学校へ行きませんでした）
2. It was late, so we went home.（遅かったので、私たちは家に帰りました）

2. 従属接続詞

A when：～する時、while：～する間、before：～する前に、after：～した後に

1. When I was in the US, I often ate hamburgers.
   （私はアメリカにいた時はハンバーガーをよく食べました）
2. Albert fell asleep while listening to music.
   （アルバートは音楽を聞いている間に寝てしまいました）
3. I brush my teeth before I go to bed.（私は寝る前に歯を磨きます）
4. I'm going to work in Houston after I graduate from college.
   （私は大学を卒業したらヒューストンで働きます）

☞1：When I［ウェナイ］（連結）

☞ 他の時間を表わす接続詞　till［until］：〜するまで as soon as, the minute, the instant：〜したらすぐに

B　because, since：〜なので、now that：今はもう〜だから　[理由]

1. I won't go out today, because I have a bad cold.
   （私は今日ひどい風邪を引いているので、出かけません）
2. Since you are in Victoria, why don't you visit the Wax Museum?
   （ビクトリアにいるのですから、蝋人形館を訪ねたらどうですか）
3. Now that you've started your own business, give it every bit of yourself.
   （自分で仕事を始めたのですから、全身全霊でやりなさい）

☞1,2：because［カズ］（弱化）　☞3：now that［ナウザ］（that の弱化）

C　that：〜ということ　[名詞節を導く]

1. I think that it's a good idea.　（それはいい考えだと思います）
2. I'm glad that you have joined our group.
   （あなたが私たちのグループに入ってくれてうれしいです）
3. The problem is that I have no time to help you.
   （問題は私にはあなたを手伝う時間がないということです）

☞1 〜 3：that［ザ］（弱化）

D　both〜and…：〜も…も、either 〜or…：〜か…か、[相関関係]

1. He is good at both English and math.　（彼は英語も数学も得意です）
2. Either he or I am right.　（彼か私のどちらかが正しいです）

☞ 他の相関関係を表す接続詞 not only〜but(also)…：〜だけではなく…も
neither〜nor…：〜も…もではない

E　as long as：〜の限り、in case：〜の場合には、[条件]

1. We can do it as long as you give us time.
   （私たちは時間をもらえればそれをやることができます）
2. Let us know in case you are not coming to the welcome party.
   （歓迎会に来ない場合は知らせてください）

F　although：〜だけれども、even though：〜だけれども、even if：〜でも　[譲歩]

1. Although I have studied Chinese, I have forgotten it all.
   （私は中国語を勉強したことはありますが、全部忘れてしまいました）
2. We will go and see Mr. Miller tomorrow even if it rains.
   （明日たとえ雨でも、私たちはミラーさんに会いに行きます）
3. Even though it's raining, we will go and see Mr.Miller tomorrow.
   （雨が降っていますが、私たちは明日ミラーさんに会いに行きます）

A　次の英文を日本語に訳しなさい。

1. My wife was watching TV while I was mowing the lawn.

_____

2. Let's have a drinking party after finals are over.

_____

3. I'm studying English because I want to visit Sydney someday.

_____

4. Go straight for two blocks, and you'll see the hotel on your right.

_____

5. Mike not only read the novel but also saw the movie.

_____

B　日本文の意味を表すように選択肢から適語を選び、必要に応じて空所を補充しなさ
　　い。　　　　　　　　　[before, but, while, and, because]

1. 私は今日釣りに行きましたが、一匹も釣れませんでした。
   I went fishing today, (　　　　) I didn't catch a thing.
2. 私たちはきのうの夜、食べて飲んで話していました。
   We were eating, drinking, (　　　　) talking yesterday evening.
3. 写真を撮る間じっとしていてください。
   Hold still (　　　　) I take a picture of you.
4. 私は今朝は寝坊したので、会議に遅れました。
   I was late for the meeting (　　　　) I overslept.
5. 私は寝る前はコーヒーを絶対に飲みません。
   I never drink coffee (　　　　) I go to bed.

C　日本文の意味を表すように括弧内の語句を並べ換えなさい。

1. 彼女はとても人懐っこいので、誰とも仲良くやっています。
   She is (that / friendly / so / she) gets along well with everyone.

_____

2. 私は子供の時は獣医になりたかったです。

I wanted to be a vet （ was / when / a / I ） child.

_____

3. このスイカは大きいですが甘くありません。

This watermelon （ not / big / but / is ） sweet.

_____

4. 父も私もスパイスの効いた食べ物が好きではありません。

（ I / my father / nor / Neither ） like spicy food.

_____

5. 彼が戻るまで私たちは出発しません。

We will not （ until / leave / comes / he ） back.

_____

D　日本文の意味を表すように適切な語句を選びなさい。

1. 彼がキャンプに行くかどうか私は知りません。

I don't know （ till / whether / as ） he will go camping.

_____

2. この低金利はしばらく続くと言われています。

They say （ if / that / while ） this low interest rate will continue for some time.

_____

3. あなたかトムのどちらかが、彼女を見送りに空港へ行かなければなりません。

Either you or Tom （ has / have / are ） to go to the airport to see her off.

_____

4. とても簡単な試験だったので、私は 10 分で解答し終わりました。

It was such an easy exam （ as / that / for ） I finished it in ten minutes.

_____

5. 図書館にいる限り静かにしていなさい。

Keep quiet （ as early as / as soon as / as long as ） you are in the library.

_____

E　英文を聞き空所を補充しなさい。

28

1. A：なぜ彼のことが好きなのですか。

   B：何事にも楽観的だからです。

   A：What makes you like him?

   B：It's（　　　　　　）he's optimistic about everything.

2. A：イギリス出身だそうですね。

   B：はい、オックスフォードの出身です。

   A：I understand（　　　　　　）you're from the UK.

   B：Yes, I'm from Oxford.

3. A：いつ彼にその知らせを伝えるのですか。

   B：家に帰って来たらすぐにです。

   A：When are you going to tell him the news?

   B：（　　　　　）（　　　　　　　）he comes home.

4. A：何を買いますか。

   B：シャープペンシルとホチキスと両方必要です。

   A：What are you going to buy?

   B：I need（　　　　）a mechanical pencil（　　　　）a stapler.

5. A：来週いつ会えますか。

   B：火曜日でも水曜日でもどちらでもいいです。

   A：When can I meet you next week?

   B：（　　　　　　）Tuesday（　　　　　）Wednesday will be okay with me.

F　英文を書き取りなさい。

29

1. オーストラリアは面積は広いですが、人口は少ないです。

   _____

2. このレストランで食事するときはいつもクラムチャウダーを注文します。

   _____

3. もっと一生懸命勉強しないと英語 438 を落としますよ。

   _____

4. 急ぎなさい、さもないと授業に遅れますよ。

   _____

5. パリにいる間できるだけ多くの博物館を訪ねます。

   _____

6. ジャイアンツが試合に勝ってとてもうれしいです。

   _____

7. タクシーを降りた時、雪が降っていました。

   _____

8. ポートランドに着いたらすぐにメールをいただけますか。

   _____

9. 彼は歩きながら携帯電話で話していました。

   _____

10. 明日ピクニックに行くかどうかは天気次第です。

   _____

Unit **15**　関係詞・仮定法

◇関係詞

★関係詞には関係代名詞と関係副詞がある。いずれも、出来事の中で焦点をあてる事柄を先行させ、後続する節でそれに情報を付加する表現形式である。音声的にはどちらも弱く発音されることが多い。

① 関係代名詞

1. The girl <u>who</u> composed this music is one of my classmates.
   （この音楽を作曲した女の子は私のクラスメートの一人です）
2. That is the shuttle bus <u>that</u> goes to the Royal Hotel.
   （あれがロイヤルホテル行きのシャトルバスです）
3. I have a friend <u>whose</u> uncle is a TV celebrity.
   （私にはおじさんがタレントの友達がいます）
4. Meg is a close friend <u>whom</u> I have known for ten years.
   （メグは知り合って 10 年になる親友です）
5. This is the smartphone <u>that</u> I bought last week.
   （これは私が先週買ったスマートフォンです）
6. Do <u>what</u> you think is right.（正しいと思うことをやりなさい）

☞ 関係代名詞には、主格（who, that, which）、所有格（whose）、目的格（that, which, whom）の 3 つの格がある。「関係代名詞＋文」は先行する名詞（先行詞）を後ろから修飾する。

☞ 4,5：目的格の関係代名詞は省略できる。

☞ 6：what は先行詞を含む関係代名詞で「～すること／もの」を意味する。

② 関係副詞

1. This is the coffee shop <u>where</u> I met her.（ここが私が彼女に会った喫茶店です）
2. 2021 was the year <u>when</u> the Tokyo Olympic Games were held.
   （2021 年は東京オリンピックが開催された年でした）
3. These are the reasons <u>why</u> I find Latin difficult to study.
   （これらが私がラテン語を勉強するのが難しいと思う理由です）
4. This is <u>how</u> I study English.（これが私の英語勉強法です）

☞ 関係副詞には、where, when, why, how の 4 つがあり、「関係副詞＋文」は先行する先行詞を後ろから修飾して、場所、時間、理由、方法などの説明を加える。

☞ 先行詞が関係副詞に含まれる場合もある。

◇仮定法

★ 仮定法は事実ではないことを「もし〜なら」と仮想する表現法である。

1 仮定法過去

1. If I had time, I would help you with your assignment.
   （もし私に時間があれば、宿題を手伝ってあげられるでしょう）

2. If Linda were here, everybody would be happy.
   （もしリンダがここにいたら、みんなが喜ぶでしょう）

☞ 仮定法過去は現在の事実に反することを表す。

If ＋ 主語 ＋ 動詞の過去形，主語 ＋ would［could/should/might］＋動詞の原形＋〜.

☞If 節の時制が現在なら条件文である。

If it rains tomorrow, we will not play tennis.

（もし明日雨が降れば、私たちはテニスをしないでしょう）

2 仮定法過去完了

1. If I had studied harder, I could have gotten an A in Geology 345.
   （もし私がもっと一生懸命勉強していたら、地質学 345 で A を取れたのに）

2. If I'd worn my overcoat, I wouldn't've caught a cold.
   （もし私がオーバーを着ていたら、風邪を引かなかったでしょう）

3. If we had followed your advice, we might have reduced our expenditures.
   （もし私たちがあなたのアドバイスに従っていたら、支出を減らせたかも知れません）

☞ 仮定法過去完了は過去の事実に反することを表す。

If ＋ 主語 ＋ had ＋ 過去分詞，主語 ＋ would［could/should/might］＋ have ＋ 過去分詞＋〜.

☞2：I'd［アイドゥ］（縮約）wouldn't've［ウドゥンタヴ］（縮約）

3 いろいろな仮定法

1. I wish I had a better memory.（記憶力がもっとよかったらいいのになあ）

2. I wish he had helped us.（彼が手伝ってくれたらよかったのになあ）

3. It's 8 p.m. It's about time Franklin got here.
   （午後 8 時です。フランクリンがそろそろ来てもいい頃です）

4. With a little more money, I would buy a gold necklace.
   （もう少しお金があったら、私は金のネックレスを買うでしょう）

5. Could you wait here a minute?（ここでちょっと待っていただけますか）

6. Would you introduce yourself?（自己紹介していただけますか）

☞1：I wish ＋ 仮定法過去：…だったらいいのになあ

☞2：I wish ＋ 仮定法過去完了：…だったらよかったのになあ

A 次の英文を日本語に訳しなさい。

1. She has a brother who is staying in Manchester.

   _____

2. Do you remember the day when we met for the first time?

   _____

3. *A Trip to the Moon* was the first movie that was produced in France.

   _____

4. If it were Sunday today, I could go golfing with you.

   _____

5. If you ever go to Arizona, you should visit the Grand Canyon.

   _____

B 日本文の意味を表すように選択肢から適語を選び空所を補充しなさい。

[if, that, that, who, as]

1. カリフォルニア工科大学は 1891 年創立の私立大学です。

   California Institute of Technology is a private university （   ） was founded in 1891.

2. 私は今年の夏にドイツで行きたい所を 6 ケ所ピックアップしました。

   I've picked out six places in Germany （   ） I want to visit this summer.

3. 舞台で踊っている女の子は私の友達の一人です。

   The girl （   ） is dancing on the stage is one of my friends.

4. 万一宝くじに当ったらどうしますか。

   What （   ） you should win the lottery?

5. もう夏のようです。

   It seems （   ） if it were summer already.

C 日本文の意味を表すように括弧内の語句を並べ換えて英文を書きなさい。

1. 私たちはトマス・ジェファーソンが住んでいた家を訪ねました。
We visited the house（ lived / Thomas Jefferson / where / had ）.

_____

2. それはまさに私が考えていたことです。
That's exactly（ I've / thinking / what / been ）about.

_____

3. 私には京都のホテルで研修生をしている友達がいます。
I have a friend（ is / trainee / who / a ）at a hotel in Kyoto.

_____

4. そんなことをしなければよっかたのになあ。
I（ done / I / hadn't / wish ）that.

_____

5. もし気が変わったら知らせてください。
（ change / If / your / you ）mind, please let me know.

_____

D 日本文の意味を表すように選択肢から適語を選び、語形を変えて空所を補充しなさい。

　　　　　　　　　[can, should, who, which, arrive]

1. これは私が多くを学んだ話です。
This is the story from（　　　　　　）I learned a lot.
2. もし万一質問があったら、電話かメールをください。
（　　　　　　）you have any questions, just call or email me.
3. 経済学 486 で A を取った学生はジャックだけです。
Jack is the only student（　　　　）got an A in Economics 486.
4. 飛行機が遅れていなければ、私たちはもう空港に着いていたでしょう。
If the flight had not been delayed, we would have already（　　　　　　）at the airport.
5. 彼の協力がなければ、私たちは仕事を終えることはできなかったでしょう。
Without his cooperation, we（　　　　　　）not have finished the work.

E 英文を聞き空所を補充しなさい。 🎧 30

1. これらは英語を上達させるのに役に立つ本です。
   These are the books（　　　　）will help you（　　　　　　）your English.

2. もし私が鳥だったら、彼女の心にすぐにでも飛んでいくでしょう。
   If I（　　　）a bird, I（　　　）fly to her heart right away.

3. 私はメルボルンへ来た日を決して忘れないでしょう。
   I will never forget the day（　　　）I（　　　）to Melbourne.

4. 彼が結婚していなければいいのになあ。
   I（　　　）he（　　　）not married.

5. ギリシャ料理を味わえるいいレストランをすすめてもらえますか。
   Can you（　　　　　）a good restaurant（　　　）we can enjoy Greek food?

F 英文を書き取りなさい。 🎧 31

1. 私たちはそうしてジレンマを解決しました。

   _____

2. トーマスさんに私たちが会う時間を知らせます。

   _____

3. 20代でありさえすればいいのになあ。

   _____

4. ここが彼女と初めてデートしたところです。

   _____

5. 忙しくなければ、土曜日にスケートに行きませんか。

   _____

6. 母のお蔭で今の自分があります。

   _____

7. あなたと同じように英語がうまく話せたらなあ。

   _____

8. 雨が降っていなければ、私たちはグラウンドで野球をしているでしょう。

   _____

9. これは今まで食べた中で一番美味しい海鮮料理です。

_____

10. 私たちは考えた通りの人間になります。

_____

テキストの音声は、弊社 HP　https://www.eihosha.co.jp/
の「テキスト音声ダウンロード」のバナーからダウンロードできます。
また、下記 QR コードを読み込み、音声ファイルをダウンロードするか、
ストリーミングページにジャンプして音声を聴くことができます。

Living Grammar for Communication
コミュニケーションのための基礎英文法

2023 年 1 月 20 日　初　版

著　者 ⓒ 船　田　秀　佳
発行者　佐　々　木　元

発 行 所 株式会社 英　宝　社

〒 101-0032 東京都千代田区岩本町 2-7-7
電話 03-5833-5870　FAX03-5833-5872
https://www.eihosha.co.jp/

ISBN 978-4-269-33045-0 C1082
組版・印刷・製本／日本ハイコム株式会社